OLIVENÖL

Ein Guide für Feinschmecker

COLLECTION
ROLF HEYNE

Rotraud Degner

OLIVENÖL

Ein Guide für Feinschmecker

Mit Fotos von Bodo A. Schieren

WILHELM HEYNE VERLAG
MÜNCHEN

Barbara Evers gewidmet,
ohne deren Hilfe ich dieses Buch
nicht geschafft hätte

4. Auflage

Copyright © 1995 by Wilhelm Heyne Verlag
GmbH & Co. KG, München
Umschlaggestaltung: Christian Diener
Umschlagfoto: Bodo A. Schieren
Illustration: Almud Kunert
Kartographie: Design-Studio Fleischer, München
Layout: Michael Bauer
Herstellung: Hans Widmann
Satz: Michael Bauer
Druck und Bindung: RMO Druck, München
Printed in Germany

ISBN 3-453-08706-2

INHALT

Als mich mein Verleger Rolf Heyne fragte, ob ich Lust hätte, einen Olivenöl-Guide zu schreiben, sagte ich begeistert zu. Ich fühle mich ohnehin kulturell und kulinarisch dem europäischen Mittelmeerraum eng verbunden und habe einen großen Teil meines Lebens damit verbracht, ihn in meinen Büchern und Artikeln zu preisen. So erschien es mir fast als Krönung meiner kulinarischen Schriftstellerei, ein ganzes Buch über den wundersamsten aller Bäume zu schreiben, den jahrtausendealten Ölbaum. Wenn seine Früchte auch im Reifezustand noch hart sind, so bringen sie doch bei der Pressung eine der edelsten Substanzen der Mittelmeerküche hervor, das Olivenöl. »Es wird Natur durch keine Art gebessert«, sagt Shakespeare, und dies Wort trifft hier wirklich zu: So, wie das Öl aus der Frucht gewonnen wird, ist es im besten Sinn gebrauchsfertig.

Mit seinen unendlich vielen Geschmacksvarianten hat es mich schon immer fasziniert. Denn Olivenöl ist nicht gleich Olivenöl, obwohl sich auf den ersten Blick die Bäume und ihre Früchte, die erst grün sind und dann schwarz werden, gleichen. Aroma und Geschmack des Öls variieren je nach Landschaft (Meeresnähe, Seeufer, Hügellandschaft), je nach Bodenbeschaffenheit und Klima, je nach Olivensorte und Erntezeit. Nur die Güte des Öls wird von Menschenhand – durch Pflege der Anpflanzungen, sorgsame Ernte und schonende Kaltpressung – bestimmt und schließlich durch die Bezeichnung »natives Olivenöl extra« gewährleistet.

Auf meinen vielen Reisen in den Mittelmeerraum habe ich mir immer schon die Namen auffällig wohlschmeckender Olivenöle vom Gastgeber oder vom Koch des Restaurants erbeten und notiert. Daher erschien mir zunächst die Aufgabe, eine Auswahl bester Olivenöle vorzustellen, leicht. Aber der Weg war dorniger, als ich gedacht hatte. In keinem der entsprechenden Länder fand sich eine verbindliche Aufstellung aller Olivenölproduzenten mit ihren genauen Anschriften. Also besuchte ich Ausstellungen und Messen, hatte oft mit verfeindeten Verbänden und unwilligen Ämtern zu kämpfen, um mir die notwendigen Adressen und Auskünfte zu beschaffen. Dann wurden in den fünf Landessprachen Briefe und Fragebögen an diejenigen Olivenölproduzenten verschickt, deren Öl mit großer Wahrscheinlichkeit den von mir gestellten Anforderungen entsprach: Es mußte »natives Olivenöl extra« aus den Anbaugebieten der Europäischen Union von namentlich genannten Produzenten oder kleinen Kooperativen von benachbarten Olivenbauern sein, die auf eigenem Grund anbauen, selbst ernten, die Ölgewinnung in eigenen Mühlen überwachen, im eigenen Betrieb abfüllen und die Flaschenetiketten mit allen notwendigen Angaben versehen. An diesen vielleicht eigenwilligen Auswahlkriterien liegt es, daß in meinem Buch manche bekannten Olivenöle fehlen. Denn natürlich gibt es große Firmen, die durch ihre Fachleute Oliven und auch Olivenöle von bester Qualität aus anderen Regionen und Ländern aufkaufen lassen. Ihr Produkt erfüllt durchaus die gesetzlichen Forderungen, die an »natives Olivenöl extra« gestellt werden, und ist zum Teil ausgezeichnet. Aber mein Guide soll dem Feinschmecker die Möglichkeit geben, das ursprüngliche, unvermischte Olivenöl der jeweiligen Region kennenzulernen. Sie werden nicht alle in den Feinkostgeschäften und in den Lebensmittelabteilungen der großen Warenhäuser finden. Aber es gibt in einigen Städten schon Spezialgeschäfte, die sich auf Öl und Essig spezialisiert haben. Und viele gute Weinhandlungen führen eine Auswahl von Olivenölen, die von den Gütern stammen, von denen sie auch ihre Weine beziehen. Und wenn einige der von mir entdeckten Olivenöle noch nicht bei uns zu haben sind – nehmen Sie das Buch, das nach Ländern und Regionen aufgeteilt ist, mit auf Ihre nächste Reise in den Süden. Vielleicht fahren Sie dann durch eine der hier beschriebenen Landschaften und schauen bei dem einen oder anderen der von mir genannten Ölproduzenten herein – fast alle verkaufen ihr Olivenöl direkt. Das war übrigens für mich das Schönste an diesem Buch: die Besuche auf den Olivenplantagen und die Bekanntschaft mit ihren Besitzern. Es schien mir, als ob der langjährige Umgang mit den Olivenbäumen eine besondere Art von Stolz, ja von Ehrfurcht vor diesem Geschenk der Natur mit sich bringt.

Ich weiß natürlich, daß ich mit den hier aufgeführten Olivenölen keinen Anspruch auf Vollständigkeit erheben kann – ich stelle Ihnen nur die besten vor, die ich gekostet habe. Ich koste weiter und würde mich freuen, wenn Sie mit Hilfe dieses Guides ebenfalls Vergnügen daran fänden.

Rotraud Degner

Zu meinem größten Bedauern sind aus technischen Gründen folgende von mir ausgewählten Olivenöle nicht in die 2. Auflage dieses Buches aufgenommen worden:

Ligurien	ORO TAGGIASCO
Toskana	ARTIMINO
	IL CORNO
	ANTICO FRANTOIO RAVAGNI
Umbrien	FIOR DEL COLLE
Marken	BUCCI
Kampanien	MONACELLI NATIVO
	VILLA MATILDE
Apulien	I PARCHI
Provence	MOULIN MATHIEU

Sie werden in der nächsten Auflage erscheinen.

DIE ZEHN GOLDENEN OLIVEN

Als ich diesen Guide konzipiert habe, nahm ich mir vor, zuletzt unter den ausgesuchten besten Olivenölen den zehn allerbesten eine »Goldene Olive« als Auszeichnung zu verleihen. Ich ahnte nicht, wie hart die Qual der Wahl werden würde, da das Buch ja ohnehin nur Öle enthielt, die ich wegen ihrer Güte ausgesucht hatte. Da half nur eines: Ich lud mir einen Kreis befreundeter Feinschmecker ein, die in zwei Verkostungen ihre Lieblingsöle ausmachten. Nach dem Punktesystem haben wir aus den fünf verschiedenen Ländern folgende zehn Olivenöle herausgesucht:

FORMENTINI OLIO COLLIO
Friaul (Italien)

CRESPI & FIGLI
Ligurien (Italien)

FONTODI
Toskana (Italien)

ALTA SABINA
Latium (Italien)

LE PERACCIOLE
Kampanien (Italien)

COLUMELA
Cordoba (Spanien)

SIURANA UNIÓ
Lérida(Spanien)

CHRISTIAN ROSSI
Vallée des Baux (Frankreich)

THEOFILOS
Lesbos (Griechenland)

QUINTA DA ROMANEIRA
Trás-os-Montes (Portugal)

MYTHOS UND GESCHICHTE DES OLIVENBAUMS

Die Spuren des Ölbaums lassen sich in der Geschichte der Menschheit über Jahrtausende zurückverfolgen. Mythen und Legenden ranken sich um diesen immergrünen, silbrig schimmernden, fast unsterblichen Baum mit seinen kostbaren Früchten.

Der griechischen Sage nach stritten Athene, die Göttin der Weisheit, und Poseidon, der Gott des Meeres, um die Vorherrschaft in Attika. Göttervater Zeus wollte sie demjenigen zuerkennen, der etwas Unvergängliches zum Nutzen des attischen Volkes erschaffen würde. Da stieß Poseidon seinen Dreizack in den Felsen der Akropolis: Sogleich entsprang

dort eine salzige Quelle, die die künftige Herrschaft Attikas über die Weltmeere symbolisieren sollte. Athene dagegen pflanzte einen jungen Olivenbaum, dessen Früchte den Menschen lebenswichtige Nahrung, aber auch Öl für ihre Lampen und für Arzneimittel, Salböl für sakrale Zwecke und Duftöle zur Schönheitspflege schenken würden. Athene gewann den Streit der Götter. Ihr mit Olivenzweigen

Silbermünze, 5. Jh. v. Chr.,
Civico Gabinetto
Numismatico, Mailand

bekränztes Haupt schmückte die berühmten attischen Tetradrachmen, die im fünften vorchristlichen Jahrhundert die Hauptwährung der antiken Welt darstellten. Auf der Rückseite war die großäugige Eule von Athen mit einem früchtetragenden Olivenzweig abgebildet.

Auch in der Bibel spielt der Ölbaum eine wichtige Rolle. So trug schon die Taube, die Noah nach der Sintflut ausschickte, bei ihrer Rückkehr einen Ölzweig im Schnabel zum Zeichen dafür, daß Leben auf die Erde zurückgekehrt war. Bis heute gilt die Taube mit dem Ölzweig als Symbol für den Frieden – Picasso hat sie berühmt gemacht.

Es steht nicht mit Sicherheit fest, wann und wie der in Kleinasien angebaute Olivenbaum in die Mittelmeerländer Europas gelangt ist. Man nimmt an, daß die Phönizier die Schößlinge kultivierter Olivenbäume nach Griechenland brachten und sie dort den wildwachsenden Oleaster-Bäumen aufpfropften. So entstand schließlich nach mühseliger Arbeit die Gattung der *oliva europaea,* von der es inzwischen mindestens 50 verschiedene Sorten mit ihren Varianten gibt.

Die ältesten Spuren einer Olivenkultur im europäischen Mittelmeerraum sind über 3000 Jahre alt und wurden auf Kreta entdeckt. Aber auch auf Sizilien, in Andalusien, in der antiken griechischen Kolonie Massalia (Marseille) und in Portugal sind Überreste antiker Ölgewinnung gefunden worden.

In Griechenland galt der Olivenbaum als heilig – er war der Göttin Athene gewidmet, und man nannte sein Öl Nektar der Götter. Auf antiken Vasen ist von der Ernte bis zur Pressung der Oliven der ganze Ablauf der Ölgewinnung meisterlich dargestellt. Bei den Olympischen Spielen wurden die Sieger mit Kränzen aus Olivenzweigen geschmückt und erhielten als Preis eine kostbare Amphore mit feinstem Olivenöl. Und mit Olivenöl wird noch heute alle vier Jahre am ursprünglichen Ort der Spiele in Griechenland das Feuer für den olympischen Fackellauf entzündet.

Der Ölhandel, den die Babylonier und Phönizier betrieben hatten, erstreckte sich schon bald auch auf den Mittelmeerraum und erreichte zu Zeiten des Römischen Weltreiches einen Höhepunkt. Man baute spezielle Schiffe, die auf Flüssen und Meeren das kostbare Öl vor allem von und nach Rom transportierten: in fest versiegelten Amphoren, auf deren Siegel nicht nur der Name des Schiffseigners – das war oft auch der Ölhändler – stand, sondern auch Herkunft

Der heilige Ölbaum auf der Burg
zu Athen, Holzstich, altkoloriert, um 1865,
von Heinrich Leutemann

des Öls, Name des Produzenten und Datum der Ernte (also mehr, als wir heute manchem Olivenöl-Etikett entnehmen können).

Mit dem Untergang des Römischen Reiches ebbte auch der lukrative Ölhandel ab, und die Plantagen verwilderten. Erst im Mittelalter nahmen sich die Klöster wieder des Olivenan-

baus an. Die Folge war, daß er im 14. Jahrhundert allgemein wieder zu neuer Blüte gelangte und auch der Handel einen deutlichen Aufschwung erlebte.

Sicher gab es immer genügend Olivenbäume, um den Eigenbedarf der mediterranen Völker zu decken, aber das Interesse am reinen Olivenöl von höchster Qualität, das Genuß und Gesundheit so angenehm verbindet, ist in den letzten Jahren auch auf dem internationalen Markt stark gestiegen. So vielfältig wie heute war das Angebot noch nie.

Übrigens: Nehmen Sie einmal ein italienisches 100-Lire-Stück in die Hand – da ist sie abgebildet, die Göttin Athene mit dem Olivenbaum.

DIE OLIVEN

Zunächst einmal: Es gibt nicht etwa grüne und schwarze Olivensorten – jede Olive ist zu Beginn der Reife grün und wechselt dann nach und nach die Farbe, etwa von grün-braun marmoriert über Pflaumenblau bis zu Schwarz. Je nach Klima und Landschaft wird sie in den Monaten September bis Dezember (in vielen Gebieten bis Ende Januar) pflückreif. Der Fachmann erkennt diesen Reifezustand, der ungefähr 14 Tage andauert, an einer Art weißem Schimmer, der die Olive umgibt. Charakteristisch für das Öl, das aus diesen Oliven gewonnen wird, ist der stark ausgeprägte Duft nach frischem Gras und ein intensiver Frucht-, also Oli-

vengeschmack. Fachleute können zusätzlich verschiedene Aromen, etwa von grünen Bananen, Artischocken oder Äpfeln wahrnehmen. Beim Verkosten des jungen Öls spürt man ein leichtes Kratzen im Hals – *pizzica la gola,* sagt man in der Toskana –, das Liebhaber von Olivenöl besonders schätzen. Die grünen Oliven ergeben noch nicht so viel Öl wie die ausgereiften, der Ertrag ist folglich geringer und das junge Olivenöl teurer als das der reiferen schwarzen Oliven. Auch dieses Öl hat durchaus seine Liebhaber – die leichte Süße, das weniger kräftige Aroma, der zarte Mandelgeschmack passen zu vielen Gerichten, bei denen das Olivenöl nicht dominieren, sondern den Eigengeschmack der Zutaten nur unterstreichen soll.

Die Früchte des Ölbaums unterscheiden sich zwar nicht in der Farbe, aber es gibt hundert verschiedene Sorten. Ihre Form kann rund, oval oder spitz zulaufend sein, ihre Größe variiert von sehr groß über mittelgroß bis winzig klein. Meist

sind sie prall und glatt, zuweilen aber auch leicht verschrumpelt. Vor allem unterscheiden sie sich im Geschmack. Die klimatischen Bedingungen, der Standort, die Bodenbeschaffenheit, das Mikroklima sind ausschlaggebend für die Anpflanzung einer bestimmten Olivensorte. Und je nachdem, ob die gleiche Fruchtsorte in Küstennähe oder im Inneren des Landes, auf flachem oder hügeligem Gelände wächst, ergibt das jeweils ein völlig anderes Öl.

Ich habe kilometerweite Plantagen gesehen, auf denen nur eine einzige Olivensorte angebaut war, und Olivenhaine, auf denen bunt gemischt zwei, drei oder gar vier verschiedene Sorten durcheinander wuchsen. Sie werden zwar oft nacheinander geerntet, später aber zu einem Öl vereint, das gerade durch diese Mischung sein besonderes Aroma erhält.

Entscheidend für die Güte des Olivenöls sind jedoch vor allem der Erntezeitpunkt, die Erntemethode und die Verarbeitung der Oliven.

DIE OLIVENERNTE

Beginn und Dauer der Olivenernte sind in den verschiedenen Mittelmeerländern schon deshalb unterschiedlich, weil sie vom jeweiligen Klima und von den Reifezeiten der angebauten Olivensorten abhängig sind. Auch durch einen sehr heißen oder einen verregneten Sommer kann sich der Erntebeginn verschieben. Ein Produzent, der seine Oliven zu früh erntet, beeinträchtigt die Qualität des Öls ebenso wie derjenige, der sie zu lange am Baum hängen läßt. Andererseits kann man dieselbe Olivensorte gezielt früh (aber nicht zu früh) oder spät ernten, um dem Öl entweder den geschätzten herben Geschmack mit dem leichten Bitterton oder die sanfte Süße mit dem zarten Mandelaroma zu verleihen. Ein erfahrener Produzent jedenfalls kennt den Tag genau, an dem er mit der Ernte beginnen muß.

Er weiß auch, in welch hohem Maß die Qualität des Öls von der Sorgfalt bei der Ernte abhängt: Die Oliven müssen möglichst unversehrt zur Mühle gelangen, denn jede Verletzung der Früchte hat negative Auswirkungen wie etwa Fermentation oder Schimmelbildung zur Folge, was den Geschmack und die Qualität des Öls deutlich beeinträchtigt. Das beste Öl stammt von Oliven, die mit der Hand von den Zweigen gepflückt oder gestreift werden (vom Astansatz zur Spitze, um die jungen Blätter am Ende der Zweige nicht zu beschädigen). Netze oder Planen, die unter den Bäumen ausgebreitet sind, fangen herabfallende Früchte auf, da längeres Liegen auf dem Erdboden einen Fäulnisprozeß auslösen würde. Wenn die Bäume hoch sind, müssen die Pflücker auf langen Leitern hinaufsteigen. Sind die Weidenkörbe voll (oft verwendet man auch Kunststoff-

behälter), werden die Oliven gewogen und so schnell wie
möglich in luftigen Transportwagen zur Ölmühle gebracht.

Netze oder Planen werden auch gebraucht, wenn die Oliven
mit Stangen vom Baum geschlagen oder mit großen Rechen
abgestreift werden. Eine andere Methode besteht darin, die
Bäume mit Maschinen zu rütteln, bis alle Früchte in die Netze
gefallen sind.

Durch die einfachste und älteste Methode – man wartet, bis
die Oliven von selbst auf den Boden fallen – sind die Früchte
nicht nur oft beschädigt, sondern meist schon überreif; das
Öl ist dann nicht von bester Qualität und ganz gewiß nicht
mehr für »natives Olivenöl extra« zu verwenden.

Die bewährte, von Ölliebhabern so geschätzte Methode des
Handpflückens wird in Zukunft wohl immer seltener angewendet werden. Es fehlt ohnehin an Nachwuchs für diese
mühselige Arbeit, und die Löhne der Pflücker, die in der Stun-

de höchstens 10 Kilo Oliven ernten können (manchmal besteht der Lohn auch aus der Hälfte ihrer Ernte), erhöhen den Preis des Öls. Heute wie früher machen die Baumpflege und die Ernte fast 80 Prozent der Kosten für die Herstellung von Olivenöl aus.

Olivenplantagen, die nach neueren Erkenntnissen angelegt sind, wo die Bäume also niedrig und in größerem, gleichmäßigem Abstand voneinander wachsen, eignen sich natürlich besonders gut für die maschinelle Ernte: Die Maschinen lassen die reifen Oliven durch die Rüttelbewegung auf die Netze fallen, und die Früchte können umgehend zur Ölmühle transportiert werden. Diese deutliche Verkürzung des Erntevorgangs und die Tatsache, daß die Oliven dadurch früher zur Mühle gelangen und verarbeitet werden können, gewährleisten eine hohe Qualität des Öls.

Wenn also der Hinweis »handgepflückt« bei den »nativen Olivenölen extra« nach wie vor als Gütezeichen gilt, so wird man sich den Vorzügen moderner Erntemethoden künftig doch nicht mehr verschließen können.

Olivenernte mit Hilfe von Rüttelmaschinen
und aufgespannten Planen

DIE GEWINNUNG
DES OLIVENÖLS

Ebenso wie die Methoden der Olivenernte sind auch die der Ölgewinnung im Prinzip seit Jahrtausenden dieselben geblieben, wie zahlreiche archäologische Funde belegen. Der Ablauf ist immer der gleiche: Ernte, Transport zur Mühle, Zermahlen der ganzen Früchte mit Kernen, Pressung der Olivenmasse, Trennung der entstandenen Flüssigkeit in Fruchtsaft und Öl, Abfüllung des Öls.

In einem kleineren traditionellen Ölmühlenbetrieb sieht die Praxis so aus: Nach der Anlieferung der Ernte werden zunächst – mit der Hand oder mit dem Sauggerät – zerdrückte Oliven, Blätter und Zweigreste entfernt. (Einige wenige Olivenbauern lassen absichtlich ein paar Blättchen mit durchschlüpfen, weil das Öl dadurch einen schönen grünen Farbton und eine pikante Bitternote bekommt.) Anschließend werden die Oliven vorsichtig gewaschen, um eventuell anhaftende Pestizide zu entfernen.

Die eigentliche Mühle besteht aus einer riesigen Schale (früher aus Granit, heute durchwegs aus Metall) mit einem oder mehreren schweren Mühlrädern aus Granit. Die Oliven mit ihren Kernen schüttet man in diese Mühlen, die von Elektromotoren angetrieben werden (früher verrichteten Tiere, ursprünglich Menschen diese Arbeit) und in denen sie in 20 bis 25 Minuten zu einem dicken Brei zermahlen werden. Dieser Vorgang wird Kollergang genannt.

Diese Fruchtmasse wird etwa 3 Zentimeter dick auf runde Preßmatten gestrichen, die aus Pflanzenfasern oder Kunststoff bestehen und in der Mitte ein Loch aufweisen. Etwa 30 von ihnen werden auf ein senkrechtes Rohr gesteckt, zu einem Turm aufeinandergesetzt und mittels hydraulischer Pressung bei 200 bis 400 Atü so zusammengedrückt, daß die Flüssigkeit aus den Oliven in ein großes Auffangbecken oder gleich in die Zentrifuge fließt. Das ausgepreßte Fruchtfleisch und die zermahlenen Kerne bleiben als Trester zurück. Manchmal wird das durch das Eigengewicht des Turms (also ohne Pressung) heruntertropfende Öl als sogenanntes »Tropföl« separat gehalten und ist besonders kostbar und entsprechend teuer.

Die Zentrifuge trennt säuberlich das Fruchtwasser vom Öl (früher erreichte man das durch häufiges Abschöpfen des

*Die frisch geernteten Oliven werden
in der Mühle zuerst gewaschen …*

*… und dann mit den Kernen in eine riesige Schüssel geschüttet,
in der sich granitene Mühlsteine drehen, …*

*… die die Oliven zu einem dicklichen Brei zermahlen.
Die Methode heißt Kollergang.*

Der Olivenbrei wird auf Preßmatten gestrichen. Diese werden übereinandergelegt und in der hydraulischen Presse entsaftet.

Die Zentrifuge trennt Fruchtwasser und Öl. Das so gewonnene »Neue« wird noch gelagert oder gleich auf Flaschen gefüllt.

Öls): Aus einem Rohr der Zentrifuge rinnt nun, noch trüb und gelb oder grünlich, das junge Olivenöl heraus.

Es ist immer ein feierlicher Augenblick, wenn der Olivenbauer ein Stück frisches Brot zum Kosten in dieses erste, reine neue Öl taucht, das ohne jede Zugabe von Fremdstoffen und ohne Hitzeeinwirkung gewonnen wurde. Vor der Tür stehen oft schon die Dorfbewohner, die ihre Ölkanister füllen wollen – sie möchten nicht die paar Monate warten, bis das junge Öl abgelagert und gefiltert ist, denn für sie ist das »Neue« immer das beste Öl.

Weil es immer schwieriger wird, Arbeitskräfte für die Ernte zu gewinnen, und unter dem hohen Kostendruck sterben die schönen traditionellen Mühlen langsam aus. An ihre Stelle treten automatische Pressen und Zentrifugalsysteme, mit denen das »native Olivenöl extra«, ohne die maximal erlaubte Erhitzung von 32 bis 40 °C zu überschreiten und ohne jeden chemischen Zusatz, gewonnen wird. Am verbreitetsten ist das Endlos-Schneckensystem, bei dem der Olivenbrei direkt in eine erste Zentrifuge geführt wird (Trennung vom Trester) und dann zur zweiten, bei der Fruchtwasser und Öl getrennt werden. Auch die Sinoleatechnik arbeitet zweigeteilt: In der Stufe 1 wird die aus dem Brei abfließende Flüssigkeit mit Edelstahlmessern in Öl und Fruchtwasser getrennt (nach dem Prinzip der unterschiedlichen Gewichte), in der Stufe 2 wird der restliche Brei dann meist zentrifugal gepreßt. Bei der Sinoleatechnik kann es also zu zwei unterschiedlichen Qualitäten kommen.

Mit diesen modernen Techniken können in kurzer Zeit wesentlich mehr Oliven bei gleichbleibender Qualität verarbeitet werden, denn schließlich wartet die Natur nicht mit der Reifung, bis die notwendige Maschinenkapazität frei ist.

NATIVES OLIVENÖL EXTRA

Die Aufschrift »natives Olivenöl extra« auf dem Flaschenetikett ist das von der EU in Brüssel vorgeschriebene Gütezeichen für die qualitativ besten Olivenöle, die von den Olivenöl produzierenden Mitgliedsstaaten nach Deutschland importiert werden. Diese drei Worte sollen dafür garantieren, daß das so bezeichnete Öl – ob auf traditionellem Wege oder nach modernen Verfahren – ohne jeden chemischen Zusatz bei kalter Pressung aus frisch geernteten, einwandfreien Oliven gewonnen wird. Der Anteil an freien Fettsäuren, berechnet als Ölsäure, darf nicht mehr als 1 Gramm pro 100 Gramm Öl betragen. Fehlt auf dem Etikett die Bezeichnung »extra« – steht also nur »natives Olivenöl« darauf –, kann der Anteil freier Fettsäuren 2 Gramm auf 100 Gramm Öl betragen. Fehlt auch das Wort

»nativ«, so handelt es sich um eine Mischung aus industriell raffiniertem und nativem Olivenöl und kommt für den Feinschmecker nicht in Frage. Die Raffinierung ist dann vorgeschrieben, wenn auch nur einer der vielen Qualitätsparameter für native Olivenöle nicht erfüllt ist.

Da aber auch mit dem Begriff »natives Olivenöl extra« hin und wieder Mißbrauch getrieben wurde, wurde von der EU neben den chemisch-physikalischen Kontrollen auch ein System zur Kontrolle von Geschmack, Geruch und Farbe entwickelt. Der sogenannte Panel-Test, bei dem 10 professionelle Verkoster das Produkt einer strengen Prüfung unterziehen, wird jedoch nur dann notwendig, wenn es Differenzen zwischen Produzenten und Verkauf über die Klassifizierung der Öle gibt. Native Olivenöle, die diesen Test nicht bestehen, müssen raffiniert werden.

Ich habe jedem Produzenten der hier vorgestellten Olivenöle einen präzise formulierten Fragebogen in seiner Landessprache zugeschickt, auf dem mir bestätigt werden mußte, daß alle Angaben über sein Produkt der Wahrheit entsprechen. Diese Informationen sind in meinem Buch neben den abgebildeten Ölflaschen zu finden.

Allerdings bedaure ich es sehr, daß künftig auf all den bunten, oft künstlerisch gestalteten Etiketten der schönen Ölflaschen aus fünf Ländern die Bezeichnung »natives Olivenöl extra« auf deutsch stehen soll. Der Liebhaber und Kenner guten Olivenöls weiß doch schon seit langem sein »extra vergine« aus Italien, sein »vierge extra« aus Frankreich, sein »virgen extra« aus Spanien, sein »virgem extra« aus Portugal oder sein »extra virgin«, wie es die Griechen in englischer Sprache auf ihre Etiketten schreiben, zu schätzen. »Jungfräuliches Öl« ist ja die Bezeichnung für das Öl aus erster Pressung.

Es bleibt zu hoffen, daß möglichst viele Produzenten – wie zum Teil bereits geschehen – einen Kompromiß finden: Die alten Etiketten in der jeweiligen Landessprache werden beibehalten, und zusätzlich steht auf der Rückseite der Flasche auf einem kleineren Etikett in deutscher Sprache die Angabe »natives Olivenöl extra«, der Name des Produzenten oder Abfüllers, das Datum der Abfüllung, die Mengenangabe und der Säuregrad, der bei vielen Ölen der Extra-Klasse deutlich unter einem Prozent liegt. Der Hinweis »kaltgepreßt« dagegen könnte durchaus fehlen – »natives Olivenöl extra« ist immer kaltgepreßt.

Mit den Preisen ist es wie beim Wein: Erfahrung, Geschmackspräferenzen, die Liebe zur Marke, zur Region oder zum Ambiente einer Mühle entscheiden letztlich über die Auswahl aus einer qualitativ gleichen Reihe von »nativen Olivenölen extra«. Elegant geschliffene Designer-Karaffen und aufwendige Verpackungen sind dagegen keineswegs eine Garantie für die Güte des Öls.

WIE MAN ZUM OLIVENÖLKENNER WIRD

Olivenölkenner wird man nur durch häufiges Degustieren verschiedener ausgesuchter Olivenöle, die man nacheinander verkostet, vergleicht und bewertet (ähnlich wie es Weinliebhaber mit dem Wein machen). Wenn Sie zunächst einmal ein paar Öle verkosten und Ihre Lieblingsorte herausfinden wollen, kaufen Sie sich zu dem »nativen Olivenöl extra«, das Sie zu Hause haben, ein oder zwei kleine Flaschen aus einem anderen Land oder zumindest aus einer anderen Region hinzu. Vielleicht möchten Sie aber auch einige Freunde zum Verkosten einladen – in diesem Fall sollten Sie mindestens sechs, aber nicht mehr als zehn erstklassige Olivenöle aus verschiedenen Ländern probieren. Es kann auch jeder Gast eine Flasche mitbringen. Versuchen Sie, sich an die Testbedingungen zu halten, denen sich auch professionelle Verkoster unterwerfen.

1. Vorbereitungen
In dem Raum, in dem verkostet wird, sollte nicht geraucht und kein starkes Parfum benutzt werden. Bieten Sie vorher weder Kaffee noch Süßigkeiten an. Am aufnahmefähigsten ist der Gaumen am Vormittag – mindestens eine Stunde nach dem Frühstück – oder am späten Nachmittag.
Stellen Sie möglichst viele kleine Gläser, etwa Schnapsgläser,

Vor dem Aromatest das Olivenöl in der Hand anwärmen und vor dem Riechen das Glas schwenken

Für die Geschmacksprobe etwa 3 ml aus dem Glas nippen und langsam im Mundraum verteilen

oder winzige Glasschälchen auf den Tisch. Dazu sollte frisches Leitungswasser oder kohlensäurearmes Mineralwasser bereitstehen, außerdem einige Äpfel und Weiß- oder Landbrot. Die Ölflaschen müssen bei diesem Blindversuch natürlich verhüllt sein. (Bei professionellen Verkostungen sind auch die Probiergläser blau oder grün gestrichen, damit sich niemand durch die schöne goldgelbe oder smaragdgrüne Farbe eines Öls beeinflussen läßt.)

2. Der Aromatest
In jedes Glas wird etwa ein Eßlöffel Öl gegossen. Wärmen Sie in Ihren Händen das Glas etwas an und halten Sie die Nase hinein. Nun atmen Sie zwei- bis dreimal tief ein, um das Aroma in sich aufzunehmen. Notieren Sie, ob es beispielsweise ein Duft nach frisch geschnittenem Gras ist, nach wilden Kräutern, Blumen, Früchten oder Zitrone. Vermerken Sie auch, wenn ein Öl unangenehm riecht: ranzig, metallisch, chemisch oder nach Essig. Aber das dürfte bei den kostbaren »Nativen extra« wohl selten vorkommen.

3. Der Geschmackstest
Geben Sie 1/4 Teelöffel (etwa 8 bis 10 Tropfen) Öl auf die Zungenspitze und warten Sie kurz, bis die Geschmacksknospen darauf reagieren. Ziehen Sie dann mit hörbarem Zischen (Weinkoster schlürfen ja auch) die Luft ein, und Sie werden

durch das Hinzukommen des Sauerstoffs plötzlich den vollen Geschmack des Öls im ganzen Mundraum verspüren, wie Sie ihn in dieser Intensität beim einfachen Kosten vom Löffel nie erleben können. Bevor Sie das nächste Öl verkosten, warten Sie einen Augenblick, trinken Sie ein paar Schlucke Wasser und essen Sie etwas Brot oder ein Stück Apfel.

Lustiger, wenn auch weniger professionell, ist die Einladung zu einer rustikalen Ölverkostung mit Bruschetta: Sie brauchen drei bis vier Sorten herzhaftes, würziges natives Olivenöl extra, dazu frisches italienisches Landbrot, halbierte Knoblauchzehen, Salz, Pfeffer, Origano und eventuell einige schöne rote, kleingewürfelte Tomaten. Nach einem uralten italienischen Bauernrezept wird das Brot in Scheiben geschnitten, geröstet und leicht mit Knoblauch bestrichen. Nun beträufelt man es mit Öl (in diesem Fall kostet man nacheinander die verschiedenen Öle) und streut Salz, Pfeffer und Origano darauf. Wer mag, belegt die geröstete Brotscheibe erst mit Tomatenwürfeln, träufelt dann Öl darauf und streut die Gewürze darüber. Dazu kann man getrost statt Wasser einen trockenen weißen oder roten Landwein trinken, möglichst aus einer der Regionen, aus denen die Öle stammen.

SO GESUND IST OLIVENÖL

Bis vor kurzem mußte ein olivenölbegeisterter Feinschmecker in Kauf nehmen, daß es mit den gesundheitlichen Vorzügen seines geliebten Öls nicht sonderlich weit her war. Die Qualität eines Fettes hängt – so sagen die Ernährungsfachleute – von dessen Fettsäuren ab, also von den Molekülen, aus denen vom Schmalz bis zum Olivenöl jedes Fett besteht. Wie so häufig in der Natur gilt auch hier das Prinzip: kleine Ursache, große Wirkung. Winzige Unterschiede in der Struktur des Moleküls geben den Ausschlag, wie ein Fett im menschlichen Körper wirkt. Man unterscheidet die Fettsäuren nach den Verknüpfungen zwischen ihren einzelnen Atomen, den sogenannten Doppelbindungen. Hat eine Fettsäure keine solche Doppelbindung, ist sie »gesättigt«. Hat sie nur eine, nennt man sie »einfach ungesättigt«, besitzt sie mehrere, bezeichnet man sie als »mehrfach ungesättigt«.

Nur Fette mit einem hohen Gehalt an mehrfach ungesättigten Fettsäuren – heute im Wissenschaftsjargon PUFAS (Poly-Unsaturated Fatty Acids) genannt – schienen zur Vorbeugung gegen Fettstoffwechselstörungen und Arteriosklerose geeignet zu sein. Doch diese Stoffe kommen im Olivenöl kaum vor. Dafür besteht es zu 70 bis 80 Prozent aus einer einfach ungesättigten Fettsäure, der Ölsäure. Bis vor kurzem glaubten die Experten, diese Fettsäuren mit nur einer Doppelbindung (das Kürzel dafür: MUFAS, Mono-Unsaturated Fatty Acids) seien weder günstig noch schädlich, sondern quasi neutral, also unwirksam. Studien der letzten Jahre haben jedoch gezeigt, daß gerade die Olivenöl-Großverbraucher in den Ländern rund um das Mittelmeer trotz ihres geradezu verschwenderischen Fettkonsums kaum Probleme mit Herz- und Kreislauferkrankungen haben. Der Grund liegt in der günstigen Wirkung der Ölsäure auf die komplizierten Steuermechanismen des Stoffwechsels. Es hat sich also gezeigt, daß die Früchte des Olivenbaums dem Genießer außer dem Wohlgeschmack ihres Öls auch in puncto Gesundheit weit mehr zu bieten haben, als die Fachleute bisher annahmen. Nicht nur das Fett, sondern auch andere natürliche Begleitsubstanzen (Pflanzenfarbstoffe, Phenole) aus dem Olivenöl greifen, darauf deutet vieles hin, positiv in den Stoffwechsel ein und schützen Herz und Gefäße. Dabei ist das Öl so leicht verdaulich, daß man es sogar Säuglingen in die Flaschennahrung mischt. Das wundert nicht weiter, denn Ölsäure ist auch in der Muttermilch enthalten. Englische Forscher wiesen auf ihre besondere Bedeutung für die Entwicklung des kindlichen Nervensystems hin. Auch Menschen mit einer Neigung zu Magengeschwüren und Verdauungsbeschwerden können vom köstlichen Olivenöl nur profitieren, denn es fördert die Heilung. Aber das wußten schon die Griechen und Römer der Antike. Wir hatten es ihnen nur bisher nicht geglaubt.

EINE AUSWAHL DER BESTEN OLIVENÖLE DER EUROPÄISCHEN MITTELMEER-LÄNDER

Italien

Lombardei

Friaul-Julisch-Venetien

Südtirol-Trentino

Aostatal

Venetien

Piemont

Emilia-Romagna

Ligurien

Toskana

Marken

Umbrien

Abruzzen

Elba

Molise

Latium

Apulien

Kampanien

Sardinien

Basilikata

Kalabrien

Sizilien

Produktionsgebiete

ITALIEN

Auf die Frage, welches europäische Mittelmeerland das meiste Olivenöl produziert, wird die häufigste Antwort Italien sein. Es ist aber Spanien. Und welche der 20 Regionen Italiens würden Sie für den größten Olivenöllieferanten halten? Die Toskana? Nein, es ist Apulien. Und doch – wenn es darum geht, das Land und die Region zu nennen, die der Olivenkultur über den mediterranen Raum hinaus zu größtem Ansehen verholfen haben, dann sind es zweifellos Italien und die Toskana.

Natürlich spielen die glücklichen geographischen Gegebenheiten des Landes dabei eine wichtige Rolle: Dadurch, daß sich die Apenninenhalbinsel vom Gardasee bis hinunter nach Sizilien erstreckt, wird sie von so vielen unterschiedlichen Klimazonen geprägt, daß sie – mehr als jedes andere Land – Olivenöle in den unterschiedlichsten Geschmacksvarianten hervorbringt. Auch die so beliebte *cucina italiana,* die ohne Olivenöl nicht denkbar ist, hat viel dazu beigetragen, Italiens Ruf als der Olivenölproduzent schlechthin zu begründen und nicht zuletzt das Talent der Italiener, ihre vorzüglichen Produkte mit Geschick und Liebenswürdigkeit zu vermarkten. Daß die traditionsreiche Toskana nicht nur wegen ihrer Kunstschätze und landschaftlichen Schönheit so gerühmt wird, sondern auch als Mittelpunkt der italienischen Olivenkultur gilt, liegt vor allem daran, daß man hier schon seit Jahrhunderten sowohl noblen Wein als auch edles Olivenöl erzeugt. (Über die Schattenseite dieses Ruhms lesen Sie bitte in dem Kapitel Toskana nach.)

Doch ich möchte Sie dazu anregen, sich auch mit den wunderbaren Olivenölen der übrigen Landschaften Italiens bekannt zu machen: Da stehen Ihnen viele Entdeckerfreuden bevor.

Fachleute teilen die Olivenanbauzonen in Norden, Mitte, Süden und die Inseln (Sizilien und Sardinien) ein. Die geringste Menge Oliven bringt – klimatisch bedingt – der Norden hervor. Dort, wo der Winter nicht hart ist, läßt die sanfte Sonne ein zartes, blumiges Öl reifen. Es stammt vor allem aus Ligurien, aus den Olivenhainen rund um die oberitalienischen Seen (besonders um den Gardasee), vereinzelt auch aus den von der Sonne besonders begünstigten Klimaoasen in den Hügeln des Friaul und in der Romagna.

Die Toskana, Umbrien, die Marken, Latium, die Abruzzen und Molise, die zur »Mitte« gezählt werden, bieten die größte Auswahl an interessanten Olivenölen mit ausgeprägtem Eigengeschmack. Hier treffen Leichtigkeit und Feinheit des Nordens mit den kräftigen Aromen des Südens zusammen. Deshalb nehmen diese Öle in meinem Buch auch den größten Raum ein.

In der Gluthitze des Mezzogiorno – in Kampanien, Apulien, der Basilikata und Kalabrien – wurden stets die größten Mengen an Olivenöl produziert. Allerdings verkaufte man es bisher meist an die Raffinerien. Erst in den letzten Jahren kommen auch aus dem Süden sehr gute kaltgepreßte Produzentenöle der höchsten Qualitätsstufe auf den Markt, die von der Sonne und vom intensiven Duft der Macchia-Kräuter gesättigt sind. Auch das Olivenöl aus Sizilien, wo die Griechen schon früh den Olivenanbau betrieben, war vielen Feinschmeckern bis vor einigen Jahren unbekannt. Inzwischen ist die schöne Insel aus ihrem Dornröschenschlaf erwacht und produziert in jüngster Zeit einige Spitzenöle von bemerkenswerter Qualität. – Das Klima Sardiniens ist rauher als das sizilianische. Die hier produzierten Olivenöle sind dagegen von delikater Milde.

Weil die Olivenöle in den zahlreichen Anbaugebieten Italiens so unterschiedlich sind, habe ich den wichtigen Regionen eigene Einführungstexte vorangestellt, die Sie mit der jeweiligen Landschaft vertraut machen sollen.

DER NORDEN
(Venetien, Lombardei, Friaul, Emilia-Romagna)

Die »*Riviera delle olive*« nennen die dort ansässigen Olivenölproduzenten das blühende Ostufer des Gardasees, das zu Venetien gehört. Zwischen den felsigen Hängen von Malcesine bis hinunter nach Peschiera prägen immer wieder Olivenhaine die Landschaft. Besonders im Frühling bieten sie einen herrlichen Anblick, wenn zwischen den immergrünen, silbrig glänzenden Olivenzweigen die zarten Blüten der Obstbäume leuchten.

Das Land um die oberitalienische Seenplatte und um den Gardasee ist das am nördlichsten gelegene Olivenanbaugebiet Italiens mit einer langen Tradition. Die ersten Plantagen in dieser Gegend sollen unter Julius Caesar entstanden sein. Als ich zum ersten Mal die Olivenhaine am Gardasee besuchte, bot sich mir allerdings ein trostloses Bild. Der außergewöhnlich strenge winterliche Frost hatte wie in der Toskana den größten Teil der Bäume vernichtet: Ihre Rinde war aufgerissen, der empfindliche innere Stamm aufgebrochen und abgestorben, die leeren Äste ragten anklagend in den blauen Himmel. Die Bäume mußten gefällt werden, und Neupflanzungen würden frühestens in zehn Jahren wieder genügend Früchte tragen. Fünf Jahre später war ich erneut in dieser Gegend: Die Wurzeln der abgeschlagenen Bäume hatten überlebt und nach allen Seiten junge Triebe entwickelt. Viele Neupflanzungen hatten die kahlen Stellen bedeckt, und für Laien war kaum noch etwas von dem großen Frost zu sehen, der vor allem in den nördlichen Anbaugebieten immer wieder ganze Olivenkulturen vernichtet. – Ich konnte selbst beobachten, wie mühselig die Ernte an den terrassierten Hängen ist, die bis zu 300 Höhenmeter hinaufreichen – fast überall müssen die Oliven mit der Hand gepflückt werden.

Die Olivenölerzeuger vom östlichen Ufer des Gardasees haben sich zu einem »*Consorzio Tutela Olio Extra Vergine di Oliva del Garda*« zusammengeschlossen, der – nach strengen Qualitätskontrollen – das olivgrüne Gütesiegel verleiht. Es wird, mit der Flaschennummer versehen, über den Hals der sogenannten *gardesana* gestreift, einer dickbauchigen Flasche, die

Limone am Gardasee

eigens für dieses Extra Vergine vom Gardasee geschaffen
wurde und die sich deutlich von den Flaschen anderer Regionen unterscheidet. Die am häufigsten verwendeten Olivensorten sind *Casaliva, Lezzo, Favarol, Razal, Rossanel, Grignan*
und *Pendolino*. Das Extra Vergine vom Lago di Garda ist von
goldgrüner Farbe, von delikatem, fruchtigem Geschmack, dabei mild mit einem angenehm herben Nachklang. Besonders
gut paßt es zu Süßwasserfischen, zu frischen Salaten und zu
Pastagerichten mit Gemüse.

Auch vom Westufer des Gardasees, das zur Lombardei gehört, und aus der Gegend um Brescia kommen einige vorzügliche Olivenöle, die im Geschmack etwas intensiver sind als
die vom Ostufer.

Die parkartige Landschaft um die übrigen lombardischen
Seen, besonders um den Lago di Como, ist ebenfalls von Olivenhainen durchsetzt – dort werden zarte, blumige Öle erzeugt, die im Handel allerdings kaum zu finden sind. Kräftiger im Aroma ist das Extra Vergine vom Lago d'lseo, der mit

seiner herben Schönheit noch weitgehend unentdeckt ist. Im übrigen hat das Veneto nur noch in der Umgebung von Verona einige bemerkenswerte Olivenöle zu bieten.

Weiter östlich, in Julisch Venetien, macht das Klima den Olivenanbau nahezu unmöglich, aber in den *colli orientali* des Friaul, von denen so herrliche Weine kommen, gedeihen auf einigen sonnigen Hängen auch Olivenbäume. Ich stelle Ihnen aus diesem Gebiet ein Extra Vergine vor, das zu den besten Italiens gehört.

Aus der Emilia sind keine besonders hochwertigen Olivenöle zu nennen – das mag auch der Grund dafür sein, daß die üppige *cucina emiliana* eine reine Butterküche ist. In der dazugehörigen Romagna dagegen, in der Nähe von Faenza, gibt es eine kleine, klimabegünstigte Zone um das alte Städtchen Brisighella, das für seine Spitzenöle bekannt ist.

COLLE DEI CIPRESSI

Produzent:
Azienda Agricola
Colle dei Cipressi
Bianca Delaiti Osele
37010 Calmasino di Bardolino
(Verona)

*Der landwirtschaftliche Betrieb
Colle dei Cipressi ist tatsächlich
von einer dichten Reihe jahrhun-
dertealter Zypressen umgeben –
Olivenhaine und Weingärten
erstrecken sich weit in das Land.
Die Azienda Agricola ist stolz
darauf, daß das von ihr erzeugte
Olivenöl aus biologischem
Anbau stammt.*

Farbe des Olivenöls:	Grün-goldfarben
Duft und Geschmack:	Frischer, blumiger Duft nach Gras, mildes, delikates Olivenaroma
Lage und Höhe der Olivenhaine:	150 m ü.d.M.
Reifezustand bei der Ernte:	Grün und schwarz
Erntezeit:	Ende November
Erntemethode:	Handgepflückt
Methode der Ölgewinnung:	Auf traditionelle Art von Mühlsteinen zerkleinert und kaltgepreßt
Anteil freier Fettsäuren:	Weniger als 0,1%

Azienda Agricola dei Conti
GUERRIERI-RIZZARDI
Produzent:
Azienda Agricola dei Conti
Guerrieri-Rizzardi
Via Verdi, 4
37011 Bardolino (Verona)

Die Gräfin Guerrieri-Rizzardi
hat sich um den Zusammen-
schluß des »Consorzio« vom
Gardasee sehr verdient gemacht.
Sie bietet ein weiteres feines
Extra Vergine aus Maurino-,
Frantoio-, Grignano- und
Favarol-Oliven von ihrem
Castello im Bardolinogebiet an.

Farbe des Olivenöls:	Grünlich
Duft und Geschmack:	Würziges Olivenaroma mit Nachgeschmack von Trüffeln
Lage und Höhe der Olivenhaine:	70 bis 200 m ü.d.M.
Verwendete Olivensorten:	Trepp, Casaliva, Drizzar
Reifezustand bei der Ernte:	Gelb und schwarz
Erntezeit:	Mitte November bis Ende Dezember
Erntemethode:	Handgepflückt
Methode der Ölgewinnung:	Auf traditionelle Art von Mühlsteinen zerkleinert und kaltgepreßt
Anteil freier Fettsäuren:	0,4%

41

MIRUM

Produzent:
Oleificio Valtenesi
di Caldera Beniamino
Via Rosario, 22
Loc. Arzane (Brescia)
25080 Polpenazze del Garda

*Auf der lombardischen Seite des
Gardasees – in der Umgebung
von Brescia – liegen ebenso wie
am Ostufer bei Bardolino viele
Olivenplantagen. Die Kooperative Mirum kauft für das von
ihr produzierte Öl mit seinem
intensiven Kräuterduft Oliven
von den Bauern der unmittelbaren Nachbarschaft.*

Farbe des Olivenöls:	Grün-gold
Duft und Geschmack:	Delikater Duft, abgerundeter Olivengeschmack mit zarter Süße, leichter Nachklang von Mandeln und grünen Nüssen
Lage und Höhe der Olivenhaine:	200 m ü.d.M.
Verwendete Olivensorten:	60% Casaliva, 20% Leccino, 20% Frantoio
Reifezustand bei der Ernte:	Schwarz-violett
Erntezeit:	Die ersten 10 Novembertage
Erntemethode:	Handgepflückt
Methode der Ölgewinnung:	Auf traditionelle Art von Mühlsteinen zerkleinert und kaltgepreßt

FORMENTINI
OLIO COLLIO

Produzent:
Antica Azienda Agricola
dei Conti Formentini
Via Oslavia, 5
34070 San Floriano
del Collio (Gorizia)

*Auf der Azienda des Grafen
Michele Formentini wird schon
seit Jahrhunderten edles
Olivenöl erzeugt. Nachdem
der große Frost von 1929 einen
völligen Neubeginn erforderlich
gemacht hatte, zählt das
vorzügliche Formentini Olio
Collio heute zu den besten
Italiens.*

Farbe des Olivenöls:	Goldgelb mit Grünton
Duft und Geschmack:	Zarter, frischer Duft, deli-kater, milder Fruchtge-schmack, leichter Nachklang von süßen Mandeln
Lage und Höhe der Olivenhaine:	200 bis 250 m ü.d.M.
Verwendete Olivensorten:	Leccino, Nostrana, Gentile
Reifezustand bei der Ernte:	Gelblich-grün bis schwarz-rot
Erntezeit:	Oktober bis Dezember
Erntemethode:	Die Oliven werden mit Stangen oder Rüttel-maschinen auf darunter-liegende Netze befördert
Methode der Ölgewinnung:	Nach modernen Verfahren kaltgepreßt
Anteil freier Fettsäuren:	0 bis 1 %

BRISIGHELLO

Produzent:
»C.A.B.« Cooperativa
Agricola Brisighellese
Via Strada, 2
48013 Brisighella (Ravenna)

*Die »Cooperativa Brisighellese«
stellt drei verschiedene Olivenöle
her, die mit zu den besten
Italiens gehören: ein sehr
gutes Extra Vergine,
ein »Cru« und ein Tropföl
»Nobil Drupa«.*

Farbe des Olivenöls:	Kräftiges Grün
Duft und Geschmack:	Duft nach Heu, intensiv fruchtiges Olivenaroma, feiner Nachgeschmack von Artischocken und bitteren Mandeln
Lage und Höhe der Olivenhaine:	150 bis 200 m ü.d.M.
Verwendete Olivensorten:	Nostrana
Reifezustand bei der Ernte:	Dunkelgrün
Erntezeit:	November bis Dezember
Erntemethode:	Handgepflückt
Methode der Ölgewinnung:	Nach modernen Verfahren kaltgepreßt
Anteil freier Fettsäuren:	0,15 bis 0,3 %

LIGURIEN

Die Riviera di Ponente, der blühende, kräuterduftende Westteil Liguriens, wird zu Recht als Blumenriviera bezeichnet. Mit ihrem milden Meeresklima war diese malerische Küstenlandschaft schon immer ein beliebtes Reiseziel. Kein Wunder, daß gerade hier auch jene Olivenbäume gedeihen, die das von Feinschmeckern so hochgeschätzte ligurische »olio extra vergine« liefern. Es wird übrigens fast ausschließlich aus der kleinen, eher unansehnlichen Olivensorte *Taggiasca* gewonnen. Sein mildes, fruchtiges Aroma mit dem reinen Olivenduft und dem zarten Nachgeschmack nach Mandeln und Pinienkernen paßt vollendet zu der Fülle schönster Gemüse und unzähliger Kräuter, die auf den bunten Wochenmärkten angeboten werden.

Um den Olivenanbau vor Ort kennenzulernen, muß man allerdings die sonnigen Strände der Küste verlassen und das Hügelland im Inneren des Ponente-Gebiets aufsuchen. Die

Vernazza, Cinqueterre

Fahrt durch dieses verträumte Hinterland mit seinen oft mittelalterlichen Städtchen, Kirchen und Palazzi zähle ich zu den Glanzpunkten auf meinen Reisen »im Namen des Olivenöls«. Während der ganzen Strecke durch das hügelige Gelände säumen silbrig schimmernde Olivenhaine die Wege, denn da der Olivenanbau hier meist als Alleinanbau betrieben wird, prägen sie das Landschaftsbild vor dem Hintergrund der Alpen. Und das Schönste ist: Hier gibt es noch zahllose alte Ölmühlen, in denen das Olivenöl nach jahrhundertealter Tradition gewonnen wird. Manchmal sind es sogar alte Wassermühlen, in denen nur die Kraft des Wassers durch elektrischen Antrieb ersetzt wurde.

Am besten wählen Sie als Ausgangspunkt Imperia oder Ventimiglia und fahren in einem Halbbogen an Orten wie Dolceacqua, Lucisano, Borgomaro, Pieve di Teco, Tri ore oder Prelà vorbei, um dort einige mehr oder weniger bekannte Ölmühlen zu besichtigen (einige Adressen finden Sie bei den hier vorgestellten Olivenölen). Am reizvollsten ist die Fahrt im Spätherbst, dann sind die Farben und das Licht am intensivsten, und in den alten Ölmühlen wird bereits die Ernte vorbereitet.

Die terrassierten und fast weglosen Olivenhänge lassen ahnen, daß die Ernten schwierig sind und auf mechanische Hilfsmittel weitgehend verzichtet werden muß. Überall sind spinnwebartig Nylonnetze gespannt, um die beim Pflücken oder Herunterschlagen herabfallenden Oliven aufzufangen. Vielleicht können Sie mit etwas Glück schon eine Flasche »*Olio nuovo*« mit nach Hause nehmen, das einen noch herberen, intensiveren Geschmack hat als das übliche Öl. Und wer im Frühling durch die ligurischen Oliventäler fährt, sollte versuchen, eine sehr typische lokale Spezialität zu erstehen – den *Biancordo*. Das blasse, opalfarbene Öl wird aus Oliven hergestellt, die den ganzen Winter über noch an den Bäumen gehangen haben. Diese Spätlese schmeckt noch weicher und abgerundeter als das normale ligurische *extra vergine*, doch es fehlt das fruchtige Aroma.

Die ligurische Küche – eine genußreiche Symphonie aus bunten Gemüsen, würzigen Salaten, unzähligen Kräutern, frischen Fischen und Meeresfrüchten – verdankt ihren Ruhm,

trotz einfacher Zutaten eine Nobelküche zu sein, vor allem
ihrem gelbschimmernden, duftenden Olivenöl, mit dem fast
alle Speisen zubereitet werden. Es veredelt einfach jedes
Gericht. Am unvergleichlichsten und am intensivsten kommt
es bei dem berühmten *Pesto* zur Geltung. Pesto ist eine im
Steinmörser zubereitete, cremeartige Mischung aus Liguriens
einzigartigem Basilikum, Knoblauch, Käse und Pinienkernen,
die mit dem hinzugefügten Olivenöl eine vollkommene Verbindung eingehen. Duftender Pesto, auf heißen Nudeln zer-
schmelzend oder in einem Minestrone zergehend, verwöhnt
den Gaumen mit allen Genüssen der Blumenriviera.
Übrigens – viele berühmte Köche Italiens verrieten mir auf
die Frage nach ihrem Lieblingsöl, daß sie die ligurischen Öle
besonders schätzen, weil sie den Eigengeschmack der Speisen nicht verdecken, sondern nur verfeinern.

ARDOINO VALL'AUREA
Produzent:
Ardoino L' Oliandolo
Piazza de Amicis, 20
18100 Imperia

*Seit über hundert Jahren war
der Name Ardoino bei allen
Ölliebhabern Synonym für bestes
ligurisches Olivenöl. Nanni
Ardoino hat sein Geschäft an die
Firma Isnardi verkauft – bleibt
zu hoffen, daß unter dem ver-
bliebenen Namen Ardoino
weiter so gutes Öl auf den
Markt kommt.*

Farbe des Olivenöls:	Strohfarben mit goldgelbem Schimmer
Duft und Geschmack:	Fruchtiger Duft nach reifen Oliven mit zartem Mandel- und Piniengeschmack
Lage und Höhe der Olivenhaine:	bis zu 500 m ü.d.M.
Verwendete Olivensorten:	Taggiasca
Reifezustand bei der Ernte:	Blauviolett
Erntezeit:	November bis Mai
Erntemethode:	Herunterschlagen der Oliven mit Stangen
Methode der Ölgewinnung:	Auf traditionelle Art von Mühlsteinen zerkleinert und kaltgepreßt
Anteil freier Fettsäuren:	0,24%

FRANTOIO BO

Produzent:
Carlo Bo
Via della Chiusa, 70
16039 Sestri Levante
(Genua)

*Für das »Olio Bo« werden
Oliven aus der unmittelbaren
Umgebung dazugekauft und
in der eigenen Ölmühle
verarbeitet.*

Farbe des Olivenöls:	Zwischen Grün und Goldgelb
Duft und Geschmack:	Wohlriechend, intensiver Olivengeschmack mit ganz leichtem bitteren Nachgang
Lage und Höhe der Olivenhaine:	Im hügeligen Gelände von Sestri Levante, von Meereshöhe bis 200 m ü.d.M.
Verwendete Olivensorten:	70% Lavignia, 20% Razzola, 10% Pignola
Reifezustand bei der Ernte:	Grün-violett
Erntezeit:	November bis Januar
Methode der Ölgewinnung:	Nach modernen Verfahren kaltgepreßt
Anteil freier Fettsäuren:	0,35%

CRESPI & FIGLI
TAGGIASCA

Produzent:
G. Crespi & Figli
Corso Italia, 81
18034 Ceriana (Imperia)

*Seit über fünf Generationen
befaßt sich die Familie Crespi
& Figli mit der Olivenölproduk-
tion. Um die Nachfrage zu
befriedigen, kauft sie von
benachbarten Olivenbauern
Oliven der ligurischen Sorte
Taggiasca dazu. Bei italienischen Köchen besonders
beliebt.*

Farbe des Olivenöls:	Strohgelb
Duft und Geschmack:	Zarter Duft nach Kräutern, leicht süß und feiner Nach- geschmack von bitteren Mandeln
Lage und Höhe der Olivenhaine:	In der Landschaft Liguria di Ponente, 200 bis 700 m ü.d.M
Verwendete Olivensorten:	Taggiasca
Reifezustand bei der Ernte:	Violett bis schwarz
Erntezeit:	Januar bis März
Erntemethode:	Schütteln der Oliven auf ausgebreitete Zeltbahnen
Methode der Ölgewinnung:	Nach modernen Verfahren kaltgepreßt
Anteil freier Fettsäuren:	0,25 bis 0,4%

DINOABBO

Produzent:
Azienda Agricola
»Dinoabbo« di Dino Abbo
Via Roma, 2
18023 Lucinasco (Imperia)

Die Meeresnähe der Oliven-
plantagen gibt dem Öl ein
besonders gehaltvolles Aroma.

Farbe des Olivenöls:	Grüngold
Duft und Geschmack:	Frischer Duft, leichte Süße, zarter Nachgeschmack von Artischocken
Lage und Höhe der Olivenhaine:	Wenige Kilometer von Imperia entfernt, 250 bis 480 m ü.d.M.
Verwendete Olivensorten:	Taggiasca
Reifezustand bei der Ernte:	Schwarz, an einigen Stellen noch leicht grün
Erntezeit:	Dezember bis März
Erntemethode:	Handgepflückt
Methode der Ölgewinnung:	Auf traditionelle Art von Mühlsteinen zerkleinert und kaltgepreßt
Anteil freier Fettsäuren:	0,15 bis 0,25 %

DALLE FASCE DI PRELÀ

Produzent:
Raineri S.p.a.
Via T. Schiva, 68
18100 Imperia Oneglia

*Aus der alten Ölhandlung der
Familie Raineri in Prelà ist
heute eine moderne Azienda
geworden, die in hohen,
eleganten Flaschen ein fruchtiges
Olivenöl auf den Markt bringt.
Die Taggiasca-Oliven zu
seiner Herstellung stammen
alle aus der Gemeinde
Prelà.*

Farbe des Olivenöls:	Strohgelb bis goldgelb
Duft und Geschmack:	Angenehm milder Duft, zarter Olivengeschmack mit Aroma von Mandeln und Pinienkernen
Lage und Höhe der Olivenhaine:	250 m ü.d.M.
Verwendete Olivensorten:	Taggiasca
Reifezustand bei der Ernte:	Schwarz-violett (vollständig reif)
Erntezeit:	Dezember bis März
Methode der Ölgewinnung:	Auf traditionelle Art von Mühlsteinen zerkleinert und kaltgepreßt
Anteil freier Fettsäuren:	0,4 bis 0,5 %

LAURA MARVALDI & C
Uliveti Valle Imperio
Produzent:
Azienda Agricola
Frantoio Borgomaro
Laura Marvaldi & C.S.N.S.
Piazza della Chiesa, 1
18021 Borgomaro (Imperia)

Seit zweihundert Jahren stellt
die Familie Marvaldi in der alten
Wassermühle in Borgomaro ihr
berühmtes Olivenöl her. Um die
Osterzeit gibt es bei Laura
Marvaldi das weißliche zarte
Cianetto-Öl. Vorbestellen,
weil es besonders viele Lieb-
haber hat!

Farbe des Olivenöls:	Goldgelb opalisierend
Duft und Geschmack:	Harmonischer, angenehmer Olivenduft – von zartem Geschmack, leichter Nachgang nach Mandeln und Pinienkernen
Lage und Höhe der Olivenhaine:	Im hügeligen Hinterland der Riviera dei Fiori, 300 bis 500 m ü.d.M.
Verwendete Olivensorten:	Taggiasca
Reifezustand bei der Ernte:	Violett mit noch grünen Stellen
Erntezeit:	Januar bis März
Erntemethode:	Handgepflückt
Methode der Ölgewinnung:	Auf traditionelle Art von Mühlsteinen zerkleinert und kaltgepreßt
Anteil freier Fettsäuren:	0,2%

LINEA VERDE
Produzent:
Frantoio Bianco di Bruna
Nicola Vincenzo
Via Nazionale
18020 Aurigo (Imperia)

*Der Produzent Vincenzo Bruna
kauft Oliven aus der Nachbarschaft dazu und verarbeitet
sie in seiner Mühle.*

Farbe des Olivenöls:	Helles Gelbgrün
Duft und Geschmack:	Aromatischer Duft nach frischen Oliven, leichte Süße, im Nachgang zarter Pinien- geschmack
Lage und Höhe der Olivenhaine:	200 bis 600 m ü.d.M.
Verwendete Olivensorten:	Taggiasca
Reifezustand bei der Ernte:	Schwarz marmoriert
Erntezeit:	Dezember bis April
Methode der Ölgewinnung:	Kaltgepreßt
Anteil freier Fettsäuren:	0,2 bis 0,6%

LOTUS

Produzent:
Frantoio Lotus SAS
di Ronco Giuseppe
Via Panizzi, 10
17020 Balestrino (Savona)

In dem über hundert Jahre alten
Familienbesitz wird großer
Wert auf biologischen Anbau
der Erzeugnisse gelegt.

Farbe des Olivenöls:	Goldgelb
Duft und Geschmack:	Sanfter, typisch ligurischer Olivengeschmack von leichter Süße
Lage und Höhe der Olivenhaine:	400 m ü.d.M.
Verwendete Olivensorten:	14 Olivensorten
Reifezustand bei der Ernte:	Die Oliven werden 6 Monate lang zu den jeweiligen Reifegraden gepflückt – grün bis schwarz
Erntezeit:	Oktober bis April
Erntemethode:	Handgepflückt oder mit Stangen heruntergeschlagen
Methode der Ölgewinnung:	Auf traditionelle Art von Mühlsteinen zerkleinert und nach modernen Verfahren kaltgepreßt
Anteil freier Fettsäuren:	0,18%

LUPI PERLANERA

Produzent:
Tommaso e Angelo Lupi
Via Mazzini, 9
18026 Pieve di Tecco
(Imperia)

*Die Familie Lupi hat, eine
Tradition aufnehmend, ihre alte
Ölmühle in Pieve di Tecco
wieder in Betrieb genommen.
Die Höhe der Olivenhaine
verhindert jeden Schädlingsbefall, und das Öl ist von
besonderer Reinheit und
intensivem Geschmack.*

Farbe des Olivenöls:	Grüngelb
Duft und Geschmack:	Fruchtiges, würziges Aroma – Anklang von Nüssen sowie ganz leichter Tannin-geschmack
Lage und Höhe der Olivenhaine:	400 bis 700 m ü.d.M.
Verwendete Olivensorten:	Taggiasca
Reifezustand bei der Ernte:	Schwarz-rot-grau meliert
Erntezeit:	15. Januar bis 15. Februar
Erntemethode:	Herunterschlagen der Früchte mit Stangen
Methode der Ölgewinnung:	Auf traditionelle Art von Mühlsteinen zerkleinert und kaltgepreßt
Anteil freier Fettsäuren:	0,2%

PRIMURUGGIU

Produzent:
Frantoio Benza
Via Dolcedo, 180
18100 Imperia

*»Primuruggiu« ist das ligurische
Wort für allererste Pressung.
Ein Olivenöl, auf das die
Familie Benza besonders
stolz ist.*

Farbe des Olivenöls:	Intensiv gelb
Duft und Geschmack.	Zarter delikater Duft mit fruchtigem, reinem Olivengeschmack
Lage und Höhe der Olivenhaine:	In der Nähe von Imperia, auf den Hügeln des Val Prino, 200 bis 400 m ü.d.M.
Verwendete Olivensorten:	Taggiasca
Reifezustand bei der Ernte:	Violett, zu Schwarz tendierend
Erntezeit:	Januar bis März
Erntemethode:	Handgepflückt
Methode der Ölgewinnung:	Auf traditionelle Art mit Mühlsteinen zerkleinert, abgetropft; ohne mechanischen Druck kaltgepreßt
Anteil freier Fettsäuren:	0,2 bis 0,3 %

ROI CARTE NOIRE
(Tropföl)
Produzent:
Olio di Frantoio »Roi«
di Boeri Giuseppe
Via Argentina, 1
18010 Badalucco (Imperia)

*Die Besitzer Pippo und Franco
Boeri kaufen für die Produktion
ihrer »Roi«-Olivenöle auch
Oliven aus biologischem Anbau
von anderen Produzenten in
der Valle Argentina hinzu.*

Farbe des Olivenöls:	Strohgelb
Duft und Geschmack:	Delikater Duft, angenehmer, abgerundeter Fruchtge- schmack mit leichter Süße
Lage und Höhe der Olivenhaine:	In der Valle Argentina, 300 bis 700 m ü.d.M.
Verwendete Olivensorten:	Taggiasca
Reifezustand bei der Ernte:	Rötlich-schwarz
Erntezeit:	November bis März
Methode der Ölgewinnung:	Auf traditionelle Art mit Mühlsteinen zerkleinert und langsam abgetropft; kaltgepreßt

TOSKANA

Leider kann ich im Rahmen dieses Buches nicht ausführlich über die einzigartige Schönheit der toskanischen Landschaft berichten: über die in der Ferne verblauenden Hügel, an deren Hängen sich Rebstöcke und Olivenhaine abwechseln, über die von dunklen Zypressen umgebenen Villen und Castelli, die so charakteristisch für die Toskana sind, und über die Städte, die Kunstwerke für sich darstellen. In dieser Kulturlandschaft hat man nicht nur dem Wein, sondern auch dem Olivenöl früher als in anderen Ländern und Regionen besondere Aufmerksamkeit gewidmet.

Häufig tragen toskanische Olivenöle die großen Namen alter Adelsgeschlechter und den stolzen Vermerk »Castello di …« auf ihrem Etikett, genauso wie die Weine. Und wie beim Wein spricht man hier häufig von »cru«, wenn es sich um ein besonders edles Gewächs handelt. Doch nicht alle alten Weingüter sind noch in Händen der ursprünglichen Eigentümer: Viele sind von Anwälten, Ärzten, Geschäftsführern aus den großen Städten, vor allem aus Mailand, aufgekauft worden, die, von Fachleuten beraten, nicht nur guten Wein, sondern auch vorzügliches Olivenöl erzeugen. Gerade in diesen neu erworbenen und technisch auf den neuesten Stand gebrachten Landgütern sind es erstaunlich oft Frauen, die den Betrieb leiten – ihr Engagement und ihre Persönlichkeit haben mich sehr beeindruckt. Wenn die Erntezeit vorüber ist, fliegen sie zu Kongressen und Messen in Amerika oder Japan, um ihre hochklassigen *Extra-Vergine*-Olivenöle auf dem auch außerhalb Europas immer interessanter werdenden Markt bekannt zu machen. Auch die toskanischen Bauern zählen fast alle ein Olivenwäldchen zu ihrem Besitz und sind stolz auf ihr Öl. Nach der Ernte – die Früchte müssen in dem hügeligen Gelände meist mit der Hand gepflückt werden – bringen sie die Oliven sofort zur Mühle und warten, bis *ihr* Öl aus der Presse kommt, garantiert extra vergine und oft intensiver im Geschmack als das aus Großbetrieben. In der Toskana gibt es auch viele Kooperativen benachbarter Bauern, die besonders um biologischen Anbau bemüht sind.

Die Olivenhaine liegen hier zwar fast alle in 400 bis 500 Metern Höhe, aber Bodenbeschaffenheit und Klima sind doch sehr unterschiedlich. Wer also verallgemeinernd vom typisch toskanischen Olivenöl spricht, wird der großen Vielfalt der Öle aus dieser Region nicht gerecht. Gemeinsam ist ihnen allenfalls die grünliche Farbe, ein angenehmer Duft nach frischgemähtem Gras oder nach Kräutern und ein leicht pfeffriger Nachgeschmack, der allerdings rasch verschwindet (wenn er bleibt, ist das Öl nicht gut). Am bekanntesten sind die Öle aus dem zwischen Florenz und Siena gelegenen Chiantigebiet, das schon durch seine Höhenlage und die frühe Olivenernte eine besonders gute Qualität verspricht. (Gleiches gilt für das kleine, aber edle Rufinogebiet.) Die Weingutsbesitzer mit den klangvollen Namen, die den Chianti Classico erzeugen, bieten fast alle auch Extra-vergine-Olivenöle an – mit dem bekannten schwarzen Hahn auf dem Etikett. Und der eigens gegründete »*Consorzio Olio Extra Vergine di Oliva Chianti Classico*« achtet ebenso wie beim Wein streng darauf, daß alle Vorschriften, die die Qualität gewährleisten, genau eingehalten und nur solche Produzenten aufgenommen

werden, die das Olivenöl aus eigenem Anbau gewinnen.
Kurz nach der Ernte schmecken diese leicht grünlichen Öle
etwas scharf und hinterlassen einen fast kratzigen Nachklang,
der sich gleich wieder verliert. Olivenölkenner und -liebhaber
wissen das sehr zu schätzen, ich dagegen habe mich bei den
ersten Verkostungen erst daran gewöhnen müssen. (Der Geschmack wird übrigens nach ein paar Monaten sanfter.) Aber
erst wenn man diese jungen Öle kurz vor dem Servieren roh
an eine der dicken ländlichen Suppen oder an ein Pastagericht
gibt oder auf geröstetes Brot träufelt, erkennt man, wie wunderbar sie den Geschmack der Speisen intensivieren und verfeinern können. – Selbstverständlich kommen auch aus dem
übrigen Chiantigebiet hervorragende extra-vergine-Öle. Besonders häufig angebaute Olivensorten sind *Frantoio, Moraiolo*
und *Leccino.*
Auch das Olivenöl aus der Provinz Lucca hat einen besonders
guten Ruf: Es ist goldgelb, mild, fruchtig und weich und verdankt diese Vorzüge vor allem der geschützten Lage der Olivenhaine. Das Extra Vergine aus dem Umkreis von Livorno,
wo die Meeresnähe dem Olivenöl einen besonders würzigen
Akzent verleiht, wird ebenfalls hoch gelobt. Dabei sollte man
sich den Ortsnamen Castagneto Carducci merken wegen des
zart-blumigen Öls, das in dieser Gegend produziert wird.
Wenn Sie sichergehen wollen, wirklich ein Extra Vergine vom
Produzenten zu erwerben, ob in der Toskana oder daheim,
möchte ich Ihnen noch einen Rat geben. Da kein Gesetz es
verbietet, Olivenöle beispielsweise aus Spanien oder aus
Griechenland aufzukaufen und in der Toskana abzufüllen
(imbottigliare), sollten Sie sich das Etikett genau ansehen. Es
muß daraufstehen »*Prodotto e imbottigliato da ...* (also produziert
und abgefüllt von...)« und anschließend Name und Adresse
des Produzenten folgen.
Bei der schier unüberschaubaren Vielzahl der guten toskanischen Olivenöle hatte ich die Qual der Wahl (ganz gewiß
fehlt noch so manches edle Extra Vergine), aber ich habe
versucht, Ihnen auf den folgenden Seiten eine möglichst in-
teressante und abwechslungsreiche Auswahl vorzustellen.
Vielleicht regt Sie das dazu an, selbst auf Entdeckungsreise zu
gehen – die Toskana eignet sich besonders gut dafür.

L'AIOLA

Produzent:
Fattoria della Aiola
53010 Vagliagli (Siena)

*Die Fattoria della Aiola kauft
Oliven gleicher Sorte und
aus gleichem Anbaugebiet
hinzu und verarbeitet sie
in der eigenen Mühle.*

Farbe des Olivenöls:	Goldfarben mit olivgrünen Reflexen
Duft und Geschmack:	Harmonisches, fruchtiges Öl, leichtes Artischockenaroma mit Mandel-Nachgeschmack
Lage und Höhe der Olivenhaine:	350 bis 400 m ü.d.M.
Verwendete Olivensorten:	80% Frantoio, 10% Leccino, 5% Moraiolo, 5% Impollinatore Pendolino
Reifezustand bei der Ernte:	Grün mit rötlich-braunem Unterton
Erntezeit:	Ende November bis Anfang Dezember
Methode der Ölgewinnung:	Auf traditionelle Art von Mühlsteinen zerkleinert und kaltgepreßt
Anteil freier Fettsäuren:	0,4%

ALBERETO
(Tropföl)
Produzent:
Badia a Coltibuono
Tenuta di Coltibuono
53013 Gaiole in Chianti
(Siena)

*Unter dem Markenzeichen
Lorenza de'Medici und Badia
a Coltibuono sind zwei
weitere Olivenöle auf dem
Markt, doch nur das Tropföl
Albereto stammt aus der
eigenen Ernte des Gutes
Coltibuono.*

Farbe des Olivenöls:	Grüngold
Duft und Geschmack:	Nach aromatischen Kräutern duftend, für ein toskanisches Olivenöl ungewöhnlich sanft, mit leicht pfeffrigem Abgang
Lage und Höhe der Olivenhaine:	Im Chiantigebiet, 500 m ü.d.M.
Verwendete Olivensorten:	80% Frantoio, 10% Pendolino, 10% Leccino
Reifezustand bei der Ernte:	Grüngelb
Erntezeit:	Erste Novemberhälfte
Erntemethode:	Handgepflückt
Methode der Ölgewinnung:	Auf traditionelle Art von Mühlsteinen zerkleinert und langsam abgetropft; kaltgepreßt

ANTICO FRANTOIO DI FORCI

Produzent:
Tenuta di Forci
Via Piave S. Stefano, 7165
55060 Ponte del Giglio
(Lucca)

*Die natürlich geschützte Lage
der Olivenbäume auf dem
Hügelgebiet von Lucca ergibt
ein Olivenöl von besonderer
Güte.*

Farbe des Olivenöls:	Strohgelb mit grünlichen Reflexen
Duft und Geschmack:	Typisches lucchesisches Olivenaroma mit samtigem, delikatem Geschmack, der einen Anklang von Mandeln zeigt
Lage und Höhe der Olivenhaine:	Im Hügelgebiet von Lucca, 250 bis 280 m ü.d.M.
Verwendete Olivensorten:	75 bis 80% Frantoio, 15 bis 20% Leccino, 5% Impollinatori
Reifezustand bei der Ernte:	70% grün, 30% schwarz
Erntezeit:	November bis Januar
Erntemethode:	Handgepflückt
Methode der Ölgewinnung:	Kaltgepreßt
Anteil freier Fettsäuren:	0,3 bis 0,5%

ASCIANO MONTI PISANI

Produzent:
Marchesa Angelica Raggi
di Marini Scerni
Via Possenti, 87
56010 Asciano Pisano (Pisa)

*Die Meeresnähe (15 km)
der Monti Pisani schafft
ein ideales Klima für den
Olivenanbau – sicher der
Hauptgrund für die
besondere Güte des
Asciano-Öls.*

Farbe des Olivenöls:	Gelbgrün
Duft und Geschmack:	Harmonisch abgerundet mit Nachgeschmack von Mandeln
Lage und Höhe der Olivenhaine:	Im Hügelgebiet der Monti Pisani, 30 bis 150 m ü.d.M.
Verwendete Olivensorten:	Canino, Leccino, Frantoio, Moraiola und andere
Reifezustand bei der Ernte:	Grün und violett
Erntezeit:	November und Dezember
Erntemethode:	Handgepflückt
Methode der Ölgewinnung:	Auf traditionelle Art von Mühlsteinen zerkleinert und kaltgepreßt
Anteil freier Fettsäuren:	Weniger als 0,4%

AVIGNONESI

Produzent:
Avignonesi
Via di Gracciano
nel Corso, 91
53045 Montepulciano
(Siena)

*Der Sitz der Firma
Avignonesi befindet sich
noch immer in einem alten
Adelspalast aus dem
16. Jahrhundert.*

Farbe des Olivenöls:	Grünlich-gold
Duft und Geschmack:	Volles, kräftiges Öl, reich an frischen, grünen Aromen und mit leicht kratzigem Nachgeschmack
Lage und Höhe der Olivenhaine:	Anbaugebiet um Montepulciano, 300 bis 320 m ü.d.M.
Verwendete Olivensorten:	75% Coreggiolo, 15% Moraiolo, 5% Oriolo, 5% Leccino
Reifezustand bei der Ernte:	Grün mit Goldschimmer
Erntezeit:	November bis Dezember
Erntemethode:	Handgepflückt
Methode der Ölgewinnung:	Auf traditionelle Art von Mühlsteinen zerkleinert und kaltgepreßt
Anteil freier Fettsäuren:	0,03%

FATTORIA DEI BARBI

Produzent:
Francesca Colombini Cinelli
Fattoria dei Barbi
53024 Montalcino (Siena)

*Die Fattoria dei Barbi wird
von Donna Francesca
Colombini geführt, die nicht
nur für die Güte des dort
erzeugten Olivenöls bekannt
ist, sondern auch durch die
Stiftung des Kulturpreises
Barbi Colombini. Hier ist
die Kultur der Toskana mit
ihren Rebstöcken und
Olivenbäumen in einer
Fattoria vereint zu finden.*

Farbe des Olivenöls:	Grünlich als junges Öl, das mit der Zeit grüngold wird
Duft und Geschmack:	Harmonischer Duft und Geschmack von Oliven, mit einem Nachklang von Mandeln
Lage und Höhe der Olivenhaine:	325 m ü.d.M.
Verwendete Olivensorten:	Frantoio, Leccino, Olivastra
Reifezustand bei der Ernte:	Grün
Erntezeit:	November bis Dezember
Erntemethode:	Handgepflückt
Methode der Ölgewinnung:	Auf traditionelle Art von Mühlsteinen zerkleinert und kaltgepreßt
Anteil freier Fettsäuren:	0,6 bis 0,7%

CAROBBIO

Produzent:
Carobbio S.r.l.,
Via San Martino
in Cecione, 26
50022 Greve in Chianti
(Firenze)

*In der Hügellandschaft des
Chianti-Classico-Gebiets wird
in der Fattoria Carobbio ein
Olivenöl erzeugt, das wegen
seiner klassisch toskanischen
Intensität und des fast kratzigen
Nachgeschmacks einen festen
Kundenstamm hat.*

Farbe des Olivenöls:	Grün
Duft und Geschmack:	Frischer fruchtiger Duft, pikanter Geschmack nach grünen Oliven, leichtes Apfelaroma
Lage und Höhe der Olivenhaine:	280 m ü.d.M.
Verwendete Olivensorten:	Coreggiolo, Morcaio, Morinello, Leccino
Reifezustand bei der Ernte:	Grün
Erntezeit:	November
Erntemethode:	Handgepflückt
Methode der Ölgewinnung:	Nach modernen Verfahren kaltgepreßt
Anteil freier Fettsäuren:	0,01 %

CASAGLIA

Produzent:
Marchesa Cristina Pancrazi
Tenuta di S. Donato
Viale dei Cipressi, 8
50041 Calenzano (Firenze)

*Die Fattoria der Marchesa
Pancrazi blickt auf eine lange
Tradition der Olivenöl-
erzeugung zurück. Die
Olivenhaine ziehen sich an
den Hängen der Monti
Morello und Calvano bis
zur Waldgrenze hinauf.*

Farbe des Olivenöls:	Intensiv grün
Duft und Geschmack:	Zartes Aroma und ange-nehmer Geschmack von Oliven und anderen frischen Früchten.
Lage und Höhe der Olivenhaine:	An den Hängen der Monti Morello und Calvano, 200 bis 400 m ü.d.M.
Verwendete Olivensorten:	50% Leccino, 40% Moraiolo, 10% Frantoio
Reifezustand bei der Ernte:	Intensiv grün
Erntezeit:	In den ersten 10 Novembertagen
Methode der Ölgewinnung:	Auf traditionelle Art von Mühlsteinen zerkleinert und kaltgepreßt
Anteil freier Fettsäuren:	0,17%

CASTELGIOCONDO
Produzent:
Tenuta di Castelgiocondo
53024 Montalcino (Siena)

*Zu den Landgütern der
Marchesi di Frescobaldi
gehört auch Castelgiocondo.
Das auf einem Burghügel
thronende mittelalterliche Schloß
ist weithin sichtbar. Hier wird
neben dem Weinanbau in den
gutseigenen Olivenhainen ein
reines Öl erzeugt, das mit
seinem starken Olivengeschmack
und dem leicht kratzigen,
schnell vergehenden Nach-
geschmack toskanischer
nicht sein könnte.*

Farbe des Olivenöls:	Grün
Duft und Geschmack:	Duft nach frischem Gras und Äpfeln, harmonisch gerundet, mit Geschmack von frischen Oliven, leicht bitterer Nachgeschmack
Lage und Höhe der Olivenhaine:	250 bis 350 m ü.d.M.
Verwendete Olivensorten:	70% Frantoio, 20% Moraiolo, 10% Leccino
Reifezustand bei der Ernte:	Grün
Erntezeit:	Ende November bis Ende Dezember
Erntemethode:	Handgepflückt
Methode der Ölgewinnung:	Auf traditionelle Art von Mühlsteinen zerkleinert und kaltgepreßt
Anteil freier Fettsäuren:	0,3%

CASTELLO DI AMA

Produzent:
Castello di Ama
Loc. Ama
53010 Lecchi in Chianti
(Siena)

*Das – fast möchte ich sagen
elegante – Olivenöl aus dem
Chiantigebiet bei Siena
schmeckt mir am besten
etwa sieben Monate nach
der Ernte.*

Farbe des Olivenöls:	Anfangs grün, später gelblich
Duft und Geschmack:	Intensiver, feiner Duft nach Gras und Oliven, angenehmer, leicht bitterer Nachgeschmack
Lage und Höhe der Olivenhaine:	Im Gebiet der Colline di Ama, 450 bis 480 m ü.d.M.
Verwendete Olivensorten:	Leccino, Moraiolo, Frantoio
Reifezustand bei der Ernte:	Schwarz und dunkelgrün
Erntezeit:	November bis Dezember
Erntemethode:	Handgepflückt
Methode der Ölgewinnung:	Auf traditionelle Art von Mühlsteinen zerkleinert und kaltgepreßt
Anteil freier Fettsäuren:	0,2%

CASTELLO BANFI

Produzent:
Castello di Poggio alle Mura
53024 Montalcino (Siena)

*Das Olivenöl Castello Banfi
hebt sich schon äußerlich von
den klassischen geraden,
hochgestreckten Flaschen der
Toskana ab – das ungewöhnlich
milde, aber aromatische Öl
wird in bauchigen Karaffen
verkauft.*

Farbe des Olivenöls: Hellgrün
Duft und Geschmack: Intensiver Kräuterduft, voller,
                                   reiner Olivengeschmack,
                                   angenehm aromatisch

Lage und Höhe
der Olivenhaine: 200 bis 500 m ü.d.M.
Verwendete Olivensorten: 70% Frantoio, 30% andere:
                                   Leccino, Pendolino, Moraiolo,
                                   Ascolana, Tenera
Reifezustand bei der Ernte: Grün bis schwarz
Erntezeit: November bis Dezember
Erntemethode: Handgepflückt
Methode der Ölgewinnung: Auf traditionelle Art von
                                   Mühlsteinen zerkleinert und
                                   kaltgepreßt
Anteil freier Fettsäuren: 0,12 bis 0,2%

CASTELLO
DI CACCHIANO
Produzent:
Castello di Cacchiano
53010 Monti in Chianti
(Siena)

*Das Castello di Cacchiano
ist ein uralter Familienbesitz.
Auf dem Landgut nimmt
der Olivenanbau eine fast
ebenso große Fläche ein
wie der Weinanbau.*

Farbe des Olivenöls:	Grün – später zu bernstein-farben tendierend
Duft und Geschmack:	Intensiv fruchtiger Geschmack nach Oliven und frischen Früchten und leicht bitterer Abgang
Lage und Höhe der Olivenhaine:	Im Chiantigebiet, 400 bis 500 m ü.d.M.
Verwendete Olivensorten:	80% Coreggiolo, 20% Moraiolo
Reifezustand bei der Ernte:	Schwarz und grün
Erntezeit:	Um den 10. November
Methode der Ölgewinnung:	Auf traditionelle Art von Mühlsteinen zerkleinert und kaltgepreßt
Anteil freier Fettsäuren:	Weniger als 0,5%

73

CASTELLO DI GABBIANO

Produzent:
Icaro, Castello di Gabbiano
Via Gabbiano, 22
50024 Fraz. Mercatale
San Casciano (Val di Pesa)

*Dasselbe Etikett wie die edlen
Weine des Castello di Gabbiano,
den blau-rot gestreiften Ritter
zu Pferde, trägt auch die Flasche
mit dem Olivenöl – ein Zeichen
dafür, wie hoch man in der
Fattoria neben der Rebe auch
die Olive zu schätzen weiß.*

Farbe des Olivenöls:	Grüngold
Duft und Geschmack:	Angenehmer Duft nach frischem Gras, reiner, voller Olivengeschmack mit leicht bitterem Nachgang
Lage und Höhe der Olivenhaine:	210 bis 270 m ü.d.M.
Verwendete Olivensorten:	65% Moraiolo, 25% Frantoio, 5% Pendolino, 5% Leccino
Reifezustand bei der Ernte:	Grün-schwarz
Erntezeit:	November bis Dezember
Methode der Ölgewinnung:	Nach modernen Verfahren kaltgepreßt
Anteil freier Fettsäuren:	0,2%

CASTELLO DI VOLPAIA

Produzent:
Fattoria Castello di Volpaia di
Giovannella Stianti Mascheroni
Loc. Volpaia
53017 Radda in Chianti
(Siena)

Zu dem schönen Weingut ge-
hört ein liebevoll restauriertes,
ehemals befestigtes Dorf, das
viele Künstler, ob Musiker
oder Maler, mit Konzerten
und Ausstellungen beleben.
Wenn die Ölbauern aus der
Umgebung ihre Ernte zu der
modernen Mühle bringen,
wird oft ein Teil der Oliven
von den Besitzern aufgekauft.

Farbe des Olivenöls:	Goldgelb mit grünen Reflexen
Duft und Geschmack:	Duft nach frischen Kräutern, intensiver Oliven- und leichter Artischocken- geschmack
Lage und Höhe der Olivenhaine:	400 bis 600 m ü.d.M.
Verwendete Olivensorten:	40% Frantoio, 30% Leccino, 20% Moraiolo, 10% andere Sorten
Reifezustand bei der Ernte:	Anfangs grün, später schwarz
Erntezeit:	November bis Dezember
Methode der Ölgewinnung:	Nach modernen Verfahren kaltgepreßt

LA CHIUSA
Produzent:
Azienda La Chiusa
di Giuliana Fores
I Magazzini, 93
57037 Portoferraio
(Isola d' Elba)

*Die Produktionsmenge dieses
ausgezeichneten Olivenöls aus
Olivenhainen mit alten und
jungen Bäumen ist so gering,
daß man es wohl am besten
bei einer Reise nach Elba ersteht.*

Farbe des Olivenöls:	Grün-gelb
Duft und Geschmack:	Feiner Duft nach frischem Gras und Oliven, voller, abgerundeter Geschmack, wenig Schärfe, leichtes Artischockenaroma
Lage und Höhe der Olivenhaine:	Etwa Meereshöhe – die Olivengärten reichen fast bis ans Meer heran
Verwendete Olivensorten:	Frantoio, Leccino, Moraiolo, Pendolino
Reifezustand bei der Ernte:	Grün
Erntezeit:	November bis Dezember
Erntemethode:	Handgepflückt
Methode der Ölgewinnung:	Auf traditionelle Art von Mühlsteinen zerkleinert und kaltgepreßt
Anteil freier Fettsäuren:	0,46%

FATTORIA CONCADORO

Produzent:
Fattoria Concadoro
53011 Castellina in Chianti
(Siena)

Mitten im Chiantigebiet, in
wunderschöner Umgebung,
wachsen in der Fattoria
Concadoro Trauben und
Oliven und werden beide mit
der gleichen Sorgfalt verarbeitet.
Mir schmeckt das Olivenöl
Concadoro vor allem deshalb,
weil der nachklingende
Bitterton ohne Schärfe ist.

Farbe des Olivenöls:	Grün
Duft und Geschmack:	Fruchtiger Olivengeschmack mit leichtem Hauch von Kräutern
Lage und Höhe der Olivenhaine:	Im Chiantigebiet, 420 bis 450 m ü.d.M.
Verwendete Olivensorten:	80% Frantoio, 10% Leccino, 10% Moraiolo
Erntezeit:	November bis Dezember
Erntemethode:	Handgepflückt
Methode der Ölgewinnung:	Auf traditionelle Art von Mühlsteinen zerkleinert und kaltgepreßt
Anteil freier Fettsäuren:	0,15%

FONTODI
Produzent:
Azienda Agricola Fontodi
Via San Leolino
50020 Panzano in Chianti

In den Ländereien der Fattoria
Fontodi im Gebiet des Chianti
Classico ist ein Viertel dem
Olivenanbau gewidmet –
ein Zeichen dafür, daß edlen
Ölen auch im Zentrum des
anspruchsvollen Weinanbaus
eine Zukunftschance gegeben
wird.

Farbe des Olivenöls:	Gelbgrün
Duft und Geschmack:	Pikanter, frischer Oliven-geschmack mit leichtem Bitterton und mit Nachklang von rohen, jungen Artischockenblättern
Lage und Höhe der Olivenhaine:	Im Chiantigebiet, 400 bis 450 m ü.d.M.
Verwendete Olivensorten:	Frantoio
Reifezustand bei der Ernte:	Grün-rot
Erntezeit:	November
Erntemethode:	Handgepflückt
Methode der Ölgewinnung:	Kaltgepreßt
Anteil freier Fettsäuren:	0,3%

GRATTAMACCO

Produzent:
Piermario Meletti Cavallari
Podere Grattamacco
57022 Castagneto Carducci
(Livorno)

*Das Grattamacco-Öl ist ein
gutes Beispiel für die kräuter-
duftenden Öle der Küste von
Livorno – besonders gelobt wird
der Anbauort Castagneto
Carducci.*

Farbe des Olivenöls: Grüngold
Duft und Geschmack: Feines Aroma von
                             Mittelmeerkräutern und
                             -blumen und ein zartbitterer
                             Nachgeschmack

Lage und Höhe
der Olivenhaine: 90 m ü.d.M.
Verwendete Olivensorten: 50% Frantoio, 35% Leccino,
                             25% Moraiolo
Reifezustand bei der Ernte: Grün-schwarz
Erntezeit: Anfang November bis Mitte
                             Dezember
Erntemethode: Handgepflückt
Methode der Ölgewinnung: Modernes Zentrifugalsystem;
                             kaltgepreßt
Anteil freier Fettsäuren: 0,4%

79

GREPPO

Produzent:
Franco Biondi Santi
Azienda Agraria »Il Greppo«
53024 Montalcino (Siena)

Franco und Greppo Biondi-
Santi sind nicht nur für ihren
Wein, den Brunello,
berühmt, auf den gleichen
Hügeln im Montalcinogebiet
befinden sich auch die
Olivenhaine, von denen
das vorzügliche Olivenöl
»Greppo« stammt.

Farbe des Olivenöls:	Anfangs grünlich, später strohgelb
Duft und Geschmack:	Zarter Duft nach verblühenden Rosen, intensiver, aber feiner, reiner Geschmack nach frischen Oliven
Lage und Höhe der Olivenhaine:	Im Montalcinogebiet, 400 bis 500 m ü.d.M.
Verwendete Olivensorten:	60% Coreggiolo, 20% Olivasta Montalcino, 10% Leccino, 10% Moraiolo
Reifezustand bei der Ernte:	Grün, rötlich und schwarz
Erntezeit:	November bis Dezember
Erntemethode:	Handgepflückt
Methode der Ölgewinnung:	Auf traditionelle Art von Mühlsteinen zerkleinert und kaltgepreßt
Anteil freier Fettsäuren:	0,2 bis 0,4%

LAUDEMIO

Laudemio prangt als Gütesiegel auf den kantigen Designer-Flaschen einer Gruppe toskanischer Olivenöl-Produzenten, die sich unter der Bezeichnung »Gli Olivanti« zusammengeschlossen haben. Der Name Laudemio steht für ein Extra Vergine aus dem zentralen, klimabegünstigten Hügelgebiet, den »Colli della Toscana Centrale«. Die Olivenölproduzenten – es gehören auch einige ausgesuchte Genossenschaften dazu – verpflichten sich, die besten Olivensorten zu verwenden und vom Erntebeginn bis zur Abfüllung strenge Qualitätsvorschriften zu befolgen.

Da zur Zeit bereits über 30 verschiedene Laudemio-Olivenöle auf dem Markt sind, würde es den Rahmen dieses Buches sprengen, sie alle einzeln vorzustellen. Diejenigen, die ich verkostet habe, waren ausgezeichnet. Der Preis ist hoch, das liegt natürlich (auch) an der anspruchsvollen Ausstattung. Alle Erzeuger verwenden die gleiche unverwechselbare Flasche und das gleiche Laudemio-Etikett, erst darunter steht der Name des jeweiligen Produzenten.

Olio di Podere
IL LECCETO

Produzent:
Cooperativa Il Lecceto
Via delle Scuole
53020 Castelmuzio/
Trequanda (Siena)

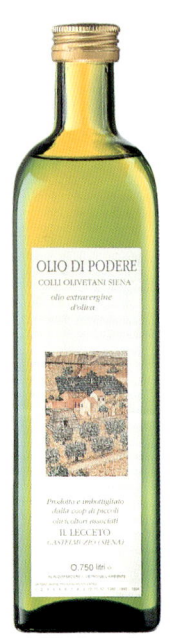

*»Il Lecceto« besteht aus dem
Zusammenschluß benachbarter
kleiner Olivenölproduzenten,
die sich alle dem biologischen
Anbau verpflichtet haben.
Die Reinheit des Olivenöls
»Il Lecceto« wird ständig von
einem wissenschaftlichen
Laboratorium überwacht.*

Farbe des Olivenöles:	Grün mit goldfarbenem Schimmer
Duft und Geschmack:	Frischer Duft nach Oliven und wilden Kräutern, feiner Fruchtgeschmack mit pikanter Bitternote
Lage und Höhe der Olivenhaine:	450 bis 500 m ü.d.M.
Verwendete Olivensorten:	40% Frantoio, 30% Moraiolo, 30% Leccino
Reifezustand bei der Ernte:	Grün, schwarzgrün und dunkelrot
Erntezeit:	Anfang November bis Ende Dezember
Erntemethode:	Handgepflückt
Methode der Ölgewinnung:	Teils nach modernen Verfahren, teils auf traditionelle Art zerkleinert und kaltgepreßt
Anteil freier Fettsäuren:	0,15 bis 0,25%

FATTORIA MAIONCHI

Produzent:
Fattoria Maionchi
Villa Maionchi
55100 Toforni (Lucca)

*Das Maionchi-Öl habe ich vor
Jahren auf dem Ölmarkt in
Lucca entdeckt – ich freue mich,
daß es dieses so typisch
lucchesische Öl jetzt auch
in Deutschland gibt.*

Farbe des Olivenöls:	Kräftiges Gelb mit grünen Reflexen
Duft und Geschmack:	Olivengeschmack mit bitter-süßem Kräuter- und Mandelaroma
Lage und Höhe der Olivenhaine:	Etwa 180 m ü.d.M.
Verwendete Olivensorten:	Frantoio, Leccino, Moraiolo
Reifezustand bei der Ernte:	Zur Hälfte grün, zur Hälfte schwarz
Erntezeit:	Zweite Oktoberhälfte bis November
Methode der Ölgewinnung:	Auf traditionelle Art von Mühlsteinen zerkleinert und kaltgepreßt
Anteil freier Fettsäuren:	0,3 bis 0,4%

83

OLIVA DI NITTARDI

Produzent:
Fattoria Nittardi
53011 Castellina in Chianti
(Siena)

*Mitten im hügeligen Chianti-
Classico-Gebiet zwischen
Florenz und Siena liegen die
Olivenhaine der Fattoria
Nittardi, aus deren Früchten
ein beliebtes, harmonisches
Öl gewonnen wird. Das von
Zypressen umgebene mittel-
alterliche Schloß, bei dem
schon Michelangelo seinen
Wein bestellte, ist eine Reise
wert.*

Farbe des Olivenöls:	Intensives Olivgrün mit Goldreflexen
Duft und Geschmack:	Typisches, fruchtiges Oliven-aroma mit zartem Nuß-geschmack und pikantem, leicht bitterem Nachgang
Lage und Höhe der Olivenhaine:	Im Chiantigebiet, 450 m ü.d.M.
Verwendete Olivensorten:	Moraiolo, Coreggiolo
Reifezustand bei der Ernte:	Dunkelgrün
Erntezeit:	Ende Oktober bis Anfang November
Erntemethode:	Handgepflückt
Methode der Ölgewinnung:	Auf traditionelle Art von Mühlsteinen zerkleinert und kaltgepreßt
Anteil freier Fettsäuren:	0,2 bis 0,28%

ORNELLAIA

Produzent:
Tenuta dell'Ornellaia
Via Bolgherese, 191
57020 Bolgheri (Livorno)

*Das Ornellaia Extra Vergine
ist wegen seiner noblen toskanischen Note und der richtigen
Mischung von intensivem
Olivengeschmack und dem
unnachahmlichen, leicht
verbleibenden Bitterton so
beliebt, daß die geringe Auflage
schon fast als Rarität gilt.*

Farbe des Olivenöls:	Goldgelb
Duft und Geschmack:	Frischer Duft nach Gras, harmonisch abgerundeter Olivengeschmack mit leicht pfeffrigem Abgang
Lage und Höhe der Olivenhaine:	110 m ü.d.M.
Verwendete Olivensorten:	Frantoio, Moraiolo, Leccino
Reifezustand bei der Ernte:	Je nach Olivenart unterschiedlich
Erntezeit:	Ende Oktober bis Ende November
Erntemethode:	Handgepflückt
Methode der Ölgewinnung:	Auf traditionelle Art von Mühlsteinen zerkleinert und kaltgepreßt
Anteil freier Fettsäuren:	0,25%

TENUTA
LA PARRINA

Produzent:
Franca Spinola
Loc. La Parrina
58010 Albinia (Grosseto)

Das milde Klima an der West-
küste der Toskana teilt sich auch
den Oliven mit – die Hänge,
auf denen sie wachsen,
erstrecken sich bis ans Meer
herab. So ist das »La Parrina«
ein für die Toskana ungewöhn-
lich sanftes, aber fruchtiges Öl.

Farbe des Olivenöls:	Grün mit Goldreflexen
Duft und Geschmack:	Eleganter Duft, delikater, reiner Olivengeschmack mit angenehm pikantem Bitterton
Lage und Höhe der Olivenhaine:	30 m ü.d.M.
Verwendete Olivensorten:	40% Frantoio, 40% Leccino, 20% Moraiolo
Reifezustand bei der Ernte:	Zum größten Teil schwarz
Erntezeit:	November bis Dezember
Erntemethode:	Handgepflückt
Methode der Ölgewinnung:	Auf traditionelle Art von Mühlsteinen zerkleinert und kaltgepreßt
Anteil freier Fettsäuren:	0,3 bis 0,4%

PATRIMONIO
TRINGALI-CASANUOVA

Produzent:
Azienda Agricola
Tringali-Casanuova
Via Indipendenza, 6
57022 Castagneto Carducci
(Livorno)

*Die Öle aus der Küstenregion
um Livorno herum – besonders
mit der Herkunftbezeichnung
Castagneto Carducci – sind alle
ein wenig sanfter als die übrigen
toskanischen Öle. Die Familie
Tringali-Casanuova hat ihre
Olivenplantage schon seit
fünfhundert Jahren im Besitz.*

Farbe des Olivenöls:	Grüngold
Duft und Geschmack:	Frischer Duft nach Oliven, mit einer Ahnung von jungen, rohen Artischocken
Lage und Höhe der Olivenhaine:	Auf den Hügeln, die direkt zum Meer hinunterführen
Verwendete Olivensorten:	60% Frantoio, 30% Moraiolo, 10% Leccino
Reifezustand bei der Ernte:	Intensiv grün mit violetten Farbflecken durchsetzt
Erntezeit:	November
Erntemethode:	Handgepflückt
Methode der Ölgewinnung:	Auf traditionelle Art von Mühlsteinen zerkleinert und kaltgepreßt
Anteil freier Fettsäuren:	0,3%

POGGIO ANTICO
Produzent:
Azienda Poggio Antico
53024 Montalcino (Siena)

*In der Azienda Poggio Antico in
Montalcino widmet man dem
Olivenanbau die gleiche Sorgfalt
wie dem Weinbau – aus der
Überzeugung heraus, daß gutes
Olivenöl für die gesunde
Ernährung von fundamentaler
Bedeutung ist.*

Farbe des Olivenöls:	Intensiv glänzendes Grün
Duft und Geschmack:	Fruchtiger Olivengeschmack mit Nachklang von Mandeln
Lage und Höhe der Olivenhaine:	420 m ü.d.M.
Verwendete Olivensorten:	70% Coreggiolo, 30% Leccino
Reifezustand bei der Ernte:	80% schwarz, 20% grünblau
Erntezeit:	Ende November bis Anfang Dezember
Methode der Ölgewinnung:	Kaltgepreßt
Anteil freier Fettsäuren:	0,24%

POGGIO LAMENTANO

Produzent:
Michael Zyw
Poggio Lamentano
57022 Castagneto Carducci
(Livorno)

*Michael Zyw, der Besitzer von
Poggio Lamentano, ist besonders
um biologischen Anbau seines
herzhaft aromatischen Olivenöls
bemüht. Im Hauptberuf ist er
Maler, der seine Motive oft
unter den silbrigglänzenden,
knorrigen Olivenbäumen findet.*

Farbe des Olivenöls:	Grüngold
Duft und Geschmack:	Voller Geschmack mit Anklängen an Sellerie, Petersilie, Artischocken, leicht bitterer Nachgang
Lage und Höhe der Olivenhaine:	120 m ü.d.M.
Verwendete Olivensorten:	50% Moraiolo, 40% Frantoio, 5% Leccino, 5% Pendolino
Reifezustand bei der Ernte:	50% schwarz, 50% grün
Erntezeit:	Ende Oktober bis Anfang Dezember
Erntemethode:	Handgepflückt
Methode der Ölgewinnung:	Auf traditionelle Art von Mühlsteinen zerkleinert und kaltgepreßt
Anteil freier Fettsäuren:	0,2 bis 0,3%

IL POGGIOLO

Produzent:
Giovanni
Cianchi Baldazzi
50042 Carmignano
(Firenze)

*Ein typisches Olivenöl aus
dem Montalcinogebiet, in dem
wegen der klimatisch besonders
günstigen Lage Olivenöle von
gutem Ruf produziert werden.*

Farbe des Olivenöls:	Gelb-grün
Duft und Geschmack:	Fruchtiges, natürliches Aroma mit akzentuiertem bitterem Nachgeschmack
Lage und Höhe der Olivenhaine:	Im Montalcinogebiet, 160 m ü.d.M.
Verwendete Olivensorten:	50% Moraiolo, 50% Frantoio
Reifezustand bei der Ernte:	Wenn die grünen Oliven dunkel werden
Erntezeit:	November
Methode der Ölgewinnung:	Nach modernen Verfahren kaltgepreßt
Anteil freier Fettsäuren:	Weniger als 1%

DEL PONTE GOLD

Produzent:
Del Ponte
Via Poggio alla Guardia, 12
51010 Pieve a Nievole
(Montecatini Alta)

*Dieses Öl lernte ich auf der
Olivenölmesse in Florenz
kennen. Der junge, ambitionierte
Unternehmer, der es produziert,
hat sich mit einigen Nachbarn
zusammengetan und bemüht
sich nach Kräften, eine besondere
Qualität zu garantieren.
Der Jahrgang 1993 war
vielversprechend.*

Farbe des Olivenöls:	Mattgrün
Duft und Geschmack:	Duft von frischgeschnittenem Gras, fruchtiger Olivengeschmack, Artischockenaroma
Lage und Höhe der Olivenhaine:	Auf Terrassen in den Hügeln zwischen Pisa und Florenz, 100 bis 400 m ü.d.M.
Verwendete Olivensorten:	60% Frantoio, 35% Leccino, 5% Moraiolo
Reifezustand bei der Ernte:	Frantoio und Moraiolo: grün; Leccino: grün-violett
Erntezeit:	1. November bis 15. Dezember
Erntemethode:	Handgepflückt
Methode der Ölgewinnung:	Auf traditionelle Art von Mühlsteinen zerkleinert und kaltgepreßt
Anteil freier Fettsäuren:	0,45%

FATTORIA LA QUERCE

Produzent:
Fattoria La Querce
di Marchi Massimo
Via Imprunetana, 45
50023 Impruneta (Firenze)

*Ich hatte zum Verkosten des
Öls eine Flasche von der vorher-
gehenden Ernte bekommen,
weil der richtige Jahrgang schon
ausverkauft war. Im Gegensatz
zu der Regel, daß Olivenöl, das
älter als 1 1/2 Jahre ist, seinen
Höhepunkt überschritten hat,
war dieses von edler, harmo-
nischer Fülle – eine echte
kulinarische Überraschung.*

Farbe des Olivenöls:	Anfänglich grün, wird mit der Zeit gelblich
Duft und Geschmack:	Ausgeprägter Oliven- geschmack mit angenehm herbem Unterton
Lage und Höhe der Olivenhaine:	250 bis 300 m ü.d.M.
Verwendete Olivensorten:	30% Frantoio, 30% Moraiolo, 30% Leccino, 10% Pendolino und Madonna dell' Impruneta
Reifezustand bei der Ernte:	Teils grün, teils schwarz
Erntezeit:	10. November bis 20. Dezember
Methode der Ölgewinnung:	Auf traditionelle Art von Mühlsteinen zerkleinert und kaltgepreßt
Anteil freier Fettsäuren:	0,35%

QUERCIABELLA

Produzent:
Azienda Agricola
Querciabella
Via di Barbiano, 17
50022 Greve in Chianti

Das aromatische Öl von
Querciabella hat den herzhaften,
zart-bitteren Naturgeschmack,
den man von einem typisch
toskanischen Olivenöl erwartet.

Farbe des Olivenöls:	Goldgelb mit Grünreflexen
Duft und Geschmack:	Fruchtiges, würziges Oliven-aroma mit sanftem Mandel-geschmack
Lage und Höhe der Olivenhaine:	350 bis 450 m ü.d.M.
Verwendete Olivensorten:	50% Coreggiolo, 40% Leccino und Maurino, 10% Moraiolo und Pendolino
Reifezustand bei der Ernte:	Teils grün, teils violett
Erntezeit:	1. November bis 31. Dezember
Erntemethode:	Handgepflückt
Methode der Ölgewinnung:	Auf traditionelle Art von Mühlsteinen zerkleinert und kaltgepreßt
Anteil freier Fettsäuren:	0,19% (nach einem Jahr 0,3%)

SAN FELICE
Produzent:
Azienda Agricola San Felice
53010 San Gusmè
Castelnuovo Berardenga
(Siena)

*In der Azienda San Felice
werden neben dem traditionellen
Olivenanbau auch Versuche
mit modernen Anbaumethoden
durchgeführt, um die Ernte
zu erleichtern.*

Farbe des Olivenöls: Grün mit goldenen Reflexen
Duft und Geschmack: Starker Duft nach Oliven,
                                  fruchtiger Geschmack mit
                                  feinem Kräuteraroma, leichter
                                  Bittermandelton

Lage und Höhe
der Olivenhaine: 400 m ü.d.M.
Verwendete Olivensorten: 80% Frantoio, 10% Moraiolo,
                                  5% Leccino, 5% Pendolino
Reifezustand bei der Ernte: Wenn 50% der grünen Oliven
                                  dunkel geworden sind
Erntezeit: November
Methode der Ölgewinnung: Nach modernen Verfahren
                                  kaltgepreßt
Anteil freier Fettsäuren: 0,15%

PODERE
SAN LORENZO
Produzent:
Dott. F. & C. Weber
Podere San Lorenzo
53020 Petroio (Siena)

Im Podere San Lorenzo wird
das Olivenöl nach streng
biologischen Methoden
gewonnen.

Farbe des Olivenöls:	Grün-gelb
Duft und Geschmack:	Aparter Duft nach wilden Kräutern, voller Olivengeschmack mit angenehm bitterer, pikanter Note
Lage und Höhe der Olivenhaine:	400 bis 450 m ü.d.M.
Verwendete Olivensorten:	40% Frantoio, 30% Leccino, 30% Moraiolo
Reifezustand bei der Ernte:	Frantoio: dunkelrot bis schwarz; Leccino: grün; Moraiolo: rötlich
Erntezeit:	November bis Dezember
Methode der Ölgewinnung:	Nach modernen Verfahren kaltgepreßt
Anteil freier Fettsäuren:	0,1 bis 0,15%

95

FRANTOIO
DI SANTA TEA
Fruttato-Intenso

Produzent:
Frantoio di Santa Tea
Azienda Agricola
Piero Gonnelli
50066 Reggello (Firenze)

*Der sehr engagierte Piero
Gonnelli kauft mit Sorgfalt von
benachbarten Olivenbauern
Oliven dazu. Neben dem
pikanten »Fruttato-Intenso«
aus der frühen Ernte gibt es
aus der späten noch das sanfte
»Dolce-Delicato«-Olivenöl.*

Farbe des Olivenöls:	Smaragdgrün
Duft und Geschmack:	Aroma von frisch-geschnittenem Gras und Oliven, leicht bitterer Nachgang
Lage und Höhe der Olivenhaine:	250 bis 450 m ü.d.M.
Verwendete Olivensorten:	45% Frantoio, 35% Moraiolo, 20% Leccino
Reifezustand bei der Ernte:	Grün
Erntezeit:	November
Erntemethode:	Handgepflückt
Methode der Ölgewinnung:	Modernes Zentrifugalsystem; kaltgepreßt
Anteil freier Fettsäuren:	0,2 bis 0,3%

FATTORIA
SELVAPIANA

Produzent:
Fattoria Selvapiana
Via Selvapiana, 3
50065 Pontassieve
(Firenze)

*Das kleine Rufinagebiet in der
Toskana ist nicht nur wegen
seiner Weine, sondern auch
wegen des dort erzeugten
Olivenöls bei Kennern besonders
beliebt. Selvapiana war einst
Eigentum der Bischöfe
von Florenz.*

Farbe des Olivenöls:	Intensives Grün
Duft und Geschmack:	Starkes Olivenaroma, harmonischer Fruchtgeschmack mit zart-bitterem Nachklang
Lage und Höhe der Olivenhaine:	Im Rufinagebiet, 140 bis 230 m ü.d.M.
Verwendete Olivensorten:	85% Frantoio , 10% Moraiolo, 5% andere
Erntezeit:	Erste Novemberwoche
Erntemethode:	Handgepflückt
Methode der Ölgewinnung:	Auf traditionelle Art von Mühlsteinen zerkleinert und kaltgepreßt
Anteil freier Fettsäuren:	0,27 bis 0,4%

TALENTE
Produzent:
Ariberto Guidani
Via Empolese, 107
50020 S. Casciano
Val di Pesa (Firenze)

*Seit über vierhundert Jahren
werden in der Azienda Talente
Olivenöl und Wein aus eigenem
Anbau hergestellt. Nach der
Übernahme der Leitung durch
ein modernes Management
wird die Ölgewinnung der
neuesten technischen
Entwicklung angepaßt.*

Farbe des Olivenöls:	Goldgelb
Duft und Geschmack:	Leichter Wildkräuterduft, Geschmack von frischem Gras, bitterer Nachklang
Lage und Höhe der Olivenhaine:	250 m ü.d.M.
Verwendete Olivensorten:	85% Frantoio, 15% Leccino, Morinello, Pendolino
Reifezustand bei der Ernte:	Schwarz und grün
Erntezeit:	1. November bis 15. Dezember
Erntemethode:	Vom Baum auf darunterliegende Planen geschüttelt und sofort zur Mühle gebracht
Methode der Ölgewinnung:	Nach modernen Verfahren kaltgepreßt
Anteil freier Fettsäuren:	0,2 bis 0,3%

UMBRIEN UND DIE MARKEN

Umbrien verdankt den Beinamen »das grüne Herz Italiens« nicht nur seinen endlosen bewaldeten Hügeln und Bergen – es sind vor allem auch die silbergrünen Blätter der knorrigen Olivenbäume, die das Landschaftsbild prägen. Angesichts dieser Fülle mag man kaum glauben, daß hier nur zwei Prozent des italienischen Olivenöls produziert werden. Aber was für ein Öl! Hier ist wirklich alles »*extra vergine di primissima qualità*«.

Das Land ist von großem Liebreiz. Das wußten übrigens schon die reichen Etrusker und die Römer der Antike zu schätzen. Hier bauten sie ihre Sommervillen, von schattigen Olivenhainen umgeben. Schon damals preßten sie in alten Steinmühlen den goldenen Saft aus den Früchten, fast nach den gleichen Prinzipien wie heute, und benutzten ihn für ihre Öllampen, zur Zubereitung ihrer Speisen und für die Schönheitspflege.

Die Anmut der Natur ist geblieben. Für mich bedeutet eine Reise nach Umbrien immer wieder die beglückende Begegnung mit Landschaften und Menschen, die sich noch unverbildet vom Fremdenverkehr ihren eigenständigen Charakter bewahrt haben.

Für den Feinschmecker gibt es zwei besonders gute Gründe, im Herbst nach Umbrien zu reisen, vor allem im Spätherbst. Dann ist Trüffelzeit, und die Olivenernte beginnt. Fast überall wird der Gast freundlich eingeladen, das neue Öl zu verkosten, und die schwarzen Trüffeln werden auf Märkten und an Straßenrändern feilgeboten – ihr Duft ist schon von weitem zu erkennen. Diese beiden kulinarischen Kostbarkeiten Umbriens sind in den *Spaghetti alla Norcia,* einer regionalen Spezialität, auf das schönste vereint. Ich erinnere mich an eine besonders genußreiche Mahlzeit in Spoleto. Ein Trüffelproduzent, der uns eingeladen hatte, legte einige frisch geerntete, fast animalisch duftende Trüffeln auf den Küchentisch. Ich durfte zusehen, wie der Koch die zerschnittenen Trüffeln in einem Mörser mit einigen Salzsardellen zu einem feinen Brei zerstampfte und ganz langsam das grünlichgelbe Olivenöl

hinzugoß, bis eine schwarze, duftende Creme entstand. Die Spaghetti wurden kochend heiß in die vorgewärmten Teller gefüllt, die Creme darübergegeben, und alle beeilten sich, Pasta und Trüffelcreme gründlich miteinander zu vermischen. Diese im Grunde einfache und in Umbrien keineswegs ungewöhnliche Mahlzeit ist mir als kulinarische Sternstunde unvergeßlich geblieben.

Eine der schönsten umbrischen Landschaften umgibt den Lago di Trasimeno, der noch eine Fülle von Süßwasserfischen beherbergt; an seinen Ufern nisten seltene Vögel, gedeiht eine bunte, zum Teil vom Aussterben bedrohte Flora. Und hier ist – wie schon vor Jahrtausenden – das Klima für den Anbau von Olivenbäumen ideal, hier wird das beste umbrische Öl gewonnen. Von Kennern besonders begehrt ist das Extra Vergine aus San Feliciano am Ostufer des Sees. Ich würde jedem Reisenden raten, der hier Urlaub macht, eine Flasche oder einen Kanister des kostbaren Olivenöls zu erstehen.

Ganz Umbrien hat eine reizvolle Kombination von lieblichgrüner Natur und faszinierender Kulturlandschaft zu bieten.

Und die malerischen Dörfer, kleinen Schlösser, Kirchen und Abteien sind umrahmt von den allgegenwärtigen uralten Olivenhainen oder jungen Anpflanzungen – überall kann man sehen, wie zwischen Tradition und Fortschritt das kostbare Olivenöl gewonnen wird. Einzelproduzenten wie Kooperativen wachen streng darüber, daß nur das Olivenöl aus eigenem Anbau in die Flaschen gefüllt wird. Die am häufigsten angebauten Sorten sind *Moraiolo, Frantoio* und *Leccino.*

Der Apennin, der sich wie eine Kette durch Italien zieht, trennt Umbrien von den Marken. Mich hat es immer gewundert, daß diese beiden Regionen in einem Atemzug genannt werden, denn die Marken haben schon eher Ähnlichkeit mit der Romagna, auch was die kulinarischen Genüsse betrifft. Mit dem Olivenanbau in den Marken kann die Romagna allerdings nicht mithalten. Die Marken dagegen gelten seit jeher als die nördlichste an der Adria gelegene Zone mit einer nennenswerten Olivenölerzeugung. Sie macht zwar nicht mehr als 0,6 Prozent der italienischen Gesamtproduktion aus, aber dafür geht hier Qualität vor Quantität. Die geographischen und klimatischen Bedingungen sind günstig. Die hohen Berge des Apennin fallen zur Küste hin ab und verwandeln sich in liebliches Hügelland mit windgeschützten, der Sonne zugewandten Tälern – Rebhänge und Olivenbäume wechseln einander ab. So kommt aus der Gegend um die Castelli di Jesi, wo auch der berühmte Verdicchio gedeiht, ein vorzügliches Olivenöl – ebenso aus der Provinz Macerata. Im Süden, in der Anbauzone um Ascoli Piceno, wächst die berühmte Olivensorte *Ascolana tenera,* die von Feinschmeckern auch als Tafelolive hoch geschätzt wird. Die übrigen in den Marken am häufigsten angepflanzten Olivensorten sind *Frantoio, Leccino, Coreggiolo, Carbonella* und *Raggiolo.*

In der Küche der Marken wird das heimische Olivenöl reichlich verwendet – an der Küste für die berühmte Fischsuppe *Brodetto all' Anconetana* mit frischen Adriafischen oder für andere delikate Fischgerichte, im Inneren des Landes zur Zubereitung der reichlich angebauten jungen Gemüsesorten und der pikanten Hühnergerichte. Ein besonderer Genuß: mit Fleischfarce gefüllte dicke *Ascolana*-Oliven, paniert und in Olivenöl ausgebacken.

BARTOLINI
Produzent:
Frantoio Oleario
Emilio Bartolini
Via della Grotta, 18
05031 Arrone (Terni)

*Die Azienda Bartolini Emilio
widmet sich seit über hundert
Jahren dem Mischbau von
Trauben und Oliven. Die hochgelegenen Olivenplantagen sind
sicher vor Schädlingen, alles
ist auf natürliche Pflege ein-
gestellt, und die Oliven werden
noch mit der Hand gepflückt.
Nur die Ölgewinnung geht
nach modernsten Methoden
vor sich.*

Farbe des Olivenöls:	Grüngolden
Duft und Geschmack:	Angenehmes Olivenaroma, harmonischer Geschmack, anfangs leichter Bitterton, der im Laufe des Jahres verschwindet
Lage und Höhe der Olivenhaine:	In der Gemeinde von Arrone, 550 m ü.d.M.
Verwendete Olivensorten:	80% Moraiolo, 10% Leccino, 10% Frantoio
Reifezustand bei der Ernte:	Schwarz mit Schattierungen von Violett bis Grün
Erntezeit:	November bis Januar
Erntemethode:	Handgepflückt
Methode der Ölgewinnung:	Modernes Zentrifugalsystem; kaltgepreßt

CIPOLLONI
Produzent:
Azienda Agraria
Dott. Alberto Cipolloni
06030 Foligno (Perugia)

*Die vielen Olivenhaine der
Azienda Agraria Cipolloni liegen
mitten in Umbrien, in einer
stillen, eindrucksvollen Hügellandschaft zwischen Assisi und
Terni. Die Güte des noblen
Olivenöls mit dem angenehm
intensiven Geschmack wird von
der Familie des großen
umbrischen Koches Vissani
überwacht.*

Farbe des Olivenöls:	Grün mit Goldreflexen
Duft und Geschmack:	Frischer Olivenduft, abge- rundeter Geschmack mit leicht herbem Nachklang
Lage und Höhe der Olivenhaine:	300 bis 500 m ü.d.M.
Verwendete Olivensorten:	Moraiolo, Frantoio
Erntemethode:	Handgepflückt
Methode der Ölgewinnung:	Nach modernen Verfahren kaltgepreßt
Anteil freier Fettsäuren:	0,3%

DONNA SOLE

Produzent:
Azienda Agricola Monticelli
dei Fratelli D' Annibale
Via del Popolo
05020 Montecampano
di Amelia (Terni)

*Dieses landwirtschaftliche Gut
ist über siebzig Jahre von der-
selben weitverzweigten Familie
bewirtschaftet worden. Die
jetzigen Besitzer Ernesto und
Maria Sole haben den Betrieb
modernisiert, und das Extra
Vergine »Donna Sole« mit
seinem harmonischen Aroma
hat auf dem Olivenölmarkt
einen guten Namen.*

Farbe des Olivenöls:	Grün mit Goldreflexen
Duft und Geschmack:	Frischer Duft, fruchtiger Olivengeschmack mit Apfel- und Artischockenaroma
Lage und Höhe der Olivenhaine:	400 m ü.d.M.
Verwendete Olivensorten:	40% Frantoio, 35% Leccino, 15% Moraiolo, 10% Raio
Reifezustand bei der Ernte:	Wenn die grünen Oliven dunkel werden
Erntezeit:	November bis Dezember
Erntemethode:	Handgepflückt
Methode der Ölgewinnung:	Auf traditionelle Art von Mühlsteinen zerkleinert und kaltgepreßt
Anteil freier Fettsäuren:	0,3 bis 0,4%

FRANTOIO FANCELLI

Produzent:
Azienda Agraria
Dott. Feliciano Fancelli
06030 Capodacqua
di Foligno (Perugia)

In der Gegend von Spoleto, von Foligno und Perugia trifft man immer wieder auf Landgüter, die Wein und Oliven gleichermaßen anbauen. Von der Azienda Feliciano Fancelli stammt ein Öl, das weicher im Geschmack und kräuterreicher im Duft ist als die Olivenöle aus dieser Region – nur der leichte, angenehme Bitterton, der im Mund bleibt, läßt auf Umbrien schließen.

Farbe des Olivenöls:	Gelb-grün
Duft und Geschmack:	Duft und Geschmack nach frischen Oliven mit pikantem, leicht bitterem Nachklang
Lage und Höhe der Olivenhaine:	450 bis 600 m ü.d.M.
Verwendete Olivensorten:	80% Moraiolo, 15% Frantoio und Leccino, 5% andere
Reifezustand bei der Ernte:	Violett bis kastanienbraun
Erntezeit:	10. November bis 15. Dezember
Methode der Ölgewinnung:	Auf traditionelle Art von Mühlsteinen zerkleinert und kaltgepreßt
Anteil freier Fettsäuren:	0,2 bis 0,3%

ROBERTO KECHLER
VON SCHWANDORF

Produzent:
Tenuta Campomaggiore
Roberto Kechler
von Schwandorf
Via del Tribunale, 3
Cesi
05100 Terni

*Die Tenuta Campomaggiore
liegt im Süden Umbriens, in der
Nähe von Terni, wo die Olivenöle mit ihrem grünlichen Schimmer und der leichten, pikanten
Schärfe schon ein wenig den
Ölen der benachbarten Toskana
gleichen.*

Farbe des Olivenöls:	Grün mit goldgelbem Schimmer
Duft und Geschmack:	Fruchtiger Duf, angenehm frischer Olivengeschmack, zartpikanter Mandelnach-klang
Lage und Höhe der Olivenhaine:	200 bis 260 m ü.d.M.
Verwendete Olivensorten:	30% Leccino, 30% Frantoio, 30% Moraiolo, 10% andere
Reifezustand bei der Ernte:	Wenn die grünen Oliven zu 50% schwarz geworden sind
Erntezeit:	Erste Novemberhälfte
Erntemethode:	Handgepflückt
Methode der Ölgewinnung:	Auf traditionelle Art von Mühlsteinen zerkleinert und kaltgepreßt
Anteil freier Fettsäuren:	0,25%

MANCIANTI AFFIORATO
(Tropföl)

Produzent:
Frantoio Faliero Mancianti
di Alfredo Mancianti
06060 San Feliciano
sul Trasimeno (Perugia)

Alfredo Mancianti hat sich mit geradezu missionarischem Eifer dafür eingesetzt, daß die umbrischen Olivenbauern vorwiegend »Olio extra vergine« produzieren. Seine Öle »Monte de Lago« und »San Feliciano« gehören zur Spitzengruppe der italienischen Olivenöle – das rare »Affiorato« ist eine kleine kulinarische Kostbarkeit.

Farbe des Olivenöls:	Grün mit Goldreflexen
Duft und Geschmack:	Delikater Olivengeschmack mit Aroma von Blumen, Früchten und Kräutern
Lage und Höhe der Olivenhaine:	In den Ausläufern des Colle San Feliciano am Lago di Trasimeno, 250 bis 300 m ü.d.M.
Verwendete Olivensorten:	20% Agogia, 30% Raggiola, 30% Frantoio, 20% Moraiolo
Reifezustand bei der Ernte:	Grün bis rotbraun
Erntezeit:	10. November bis 5. Dezember
Erntemethode:	Handgepflückt
Methode der Ölgewinnung:	Auf traditionelle Art von Mühlsteinen zerkleinert und kaltgepreßt
Anteil freier Fettsäuren:	0,3%

GIUSEPPE MATTICARI

Produzent:
Azienda Agricola
Giuseppe Matticari
Loc. Campo Elsa, 1
05032 Calvi dell' Umbria

*Bei Calvi, im südlichsten Teil
von Umbrien, erzeugt Giuseppe
Matticari in seinen Olivengärten
mit Blick auf das Tibertal zusätzlich zu seinem Santa-
Brigida-Öl aus den leicht süß-
lichen Ascolana-Oliven ein
besonders sanftes, delikates
Olivenöl, das sich von den
typisch umbrischen Ölen
deutlich unterscheidet.*

Farbe des Olivenöles:	Grün mit Goldreflexen
Duft und Geschmack:	Angenehm fruchtiges Olivenaroma mit mildem Nachgeschmack von Mandeln
Lage und Höhe der Olivenhaine:	350 bis 400 m ü.d.M.
Verwendete Olivensorten:	Ascolana tenera, Moraiolo, Leccino, Frantoio
Reifezustand bei der Ernte:	Wenn die grünen Oliven zu 50% dunkel geworden sind
Erntezeit:	November bis Dezember
Erntemethode:	Handgepflückt
Methode der Ölgewinnung:	Auf traditionelle Art von Mühlsteinen zerkleinert und kaltgepreßt
Anteil freier Fettsäuren:	0,37%

OLIO TREVI

Produzent:
Cooperativa Agricola Trevi
S.S. Flaminia, km 141
06039 Trevi (Perugia)

*Unter den umbrischen Olivenölen
gehört das von der »Cooperativa
Trevi« erzeugte zu den besten.
Nicht nur die günstigen klimatischen Bedingungen, sondern
auch die große Sorgfalt, mit der
man hier Tradition und moderne
Herstellungsmethoden zu ver-
einen weiß, haben den Namen
»Trevi« zu einem hochgeschätz-
ten Markenartikel gemacht.*

Farbe des Olivenöls:	Intensives Smaragdgrün
Duft und Geschmack:	Frischer angenehmer Duft, delikat, fruchtig, mit zartem Beigeschmack nach Artischocken
Lage und Höhe der Olivenhaine:	400 bis 600 m ü.d.M.
Verwendete Olivensorten:	80% Moraiolo, 10% Frantoio, 10% Leccino
Reifezustand bei der Ernte:	Fast schwarz
Erntezeit:	November bis Januar
Erntemethode:	Handgepflückt
Methode der Ölgewinnung:	Modernes Zentrifugalsystem; kaltgepreßt
Anteil freier Fettsäuren:	0,37%

SAN VITO

Produzent:
Fattoria Petrini
Via San Vito, 12
60037 Monte San Vito
(Ancona)

*Der Olivenanbau auf dem
Monte San Vito läßt sich bis
in die Antike nachweisen.
Die Familie Petrini hat es sich
zur Lebensaufgabe gemacht,
ein »Extra Vergine« nach
bester Tradition und von hoher
Qualität zu erzeugen.
Neben dem »San Vito« bringt
sie noch die Marke »Sei Colli«
auf den Markt.*

Farbe des Olivenöles:	Gelb mit grünen Reflexen
Duft und Geschmack:	Zartfrischer Duft, volles Olivenaroma mit Nach- geschmack von Mandeln und wilden Kräutern
Lage und Höhe der Olivenhaine:	150 m ü.d.M.
Verwendete Olivensorten:	80% Frantoio, 10% Leccino, 5% Pendolino, 5 % Carbon- cella, Reggia und andere
Reifezustand bei der Ernte:	Weinrot und schwarz
Erntezeit:	November bis Dezember
Erntemethode:	Handgepflückt
Methode der Ölgewinnung:	Auf traditionelle Art von Mühlsteinen zerkleinert und kaltgepreßt
Anteil freier Fettsäuren:	0,15 bis 0,2%

LATIUM, ABRUZZEN UND MOLISE

Die römische Hausfrau besorgt sich ihr Olivenöl am liebsten in den Sabiner Bergen – sie kauft es gleich nach der Ernte direkt vom Produzenten und schwört darauf, daß ihre herzhaften Pastagerichte, der *Fritto misto,* die frischen, etwas bitteren Salate nur mit diesem Öl den richtigen Geschmack bekommen. Ich weiß es aus eigener Erfahrung: Jedesmal, wenn ich in Rom meine Freundin besuchte, deren Mann Notar und Feinschmecker war, spielte sich beim Abschied auf dem Flughafen die gleiche Szene ab: Sie drückte mir einen unansehnlichen Kanister in die Hand und beteuerte, dies sei das beste Olivenöl der Welt, denn es stamme aus den Sabiner Bergen. Nur der Papst und ihr Mann profitierten von dieser geheimen Bezugsquelle. So habe ich viele Jahre lang getreulich meine italienischen Rezepte mit Sabiner Öl nachgekocht, lange bevor ich begann, mich mit dem Thema näher zu befassen. Sicherlich war die Bekanntschaft mit diesem delikaten Olivenöl, seinem Duft nach wilden Blumen und Kräutern, dem feinen und doch kräftigen Geschmack ein guter Einstieg in die Materie und der richtige Maßstab für spätere Vergleiche. Die Adresse des Lieferanten von Papst und Notar habe ich nie erfahren, aber bis heute steht bei mir immer eine Flasche Sabiner Olivenöl im Schrank. Zu meiner großen Freude erfahre ich, während dieses Buch in Druck geht, daß das Öl aus den Sabiner Bergen Anfang Januar 1995 als erstes in Italien die begehrte Auszeichnung D.O.C. erhalten hat.

Ein Ausflug von Rom in die Sabiner Berge ist immer lohnend. In dem alten Etruskergebiet finden sich überall Reste antiker Pressen und Amphoren zur Gewinnung und Lagerung von Olivenöl. Manches spricht dafür, daß hier die ersten Olivenkulturen auf dem Gebiet des heutigen Italien entstanden sind. Zentren solcher antiker Funde sind unter anderem Fara in Sabina, Coltodino und die Etruskerstadt Cures. Die römischen Dichter Vergil und Horaz und der Schriftsteller Plinius haben das Sabiner Öl immer wieder lobend erwähnt. Der Olivenanbau in Sabina wird mit größter Sorgfalt betrieben.

Scanno in den Abruzzen

Die Oliven, schon wegen des hügeligen Geländes meist mit der Hand gepflückt, werden auf schnellstem Wege in die Mühlen gebracht und mit traditionellen oder modernen Methoden zu besonders edlem Öl verarbeitet. Die häufigsten Olivensorten der Region sind *Carboncella, Raja, Leccino, Moraiolo* und *Morella*. Gutes Olivenöl aus Latium findet man auch in der Nähe von Viterbo, dem antiken Tuscia, wo vor allem die *Canino*-Olive angebaut wird, und rund um den Lago Bolsena nahe der umbrischen Grenze.

Ob Sie sich den Abruzzen von Rom, von Umbrien oder von der adriatischen Küste aus nähern – die Anfahrt ist immer reizvoll, und jedesmal bietet die eindrucksvolle, felsige Landschaft ein völlig neues Bild. Große Teile der immergrünen Abruzzen sind Naturschutzgebiet. Kaum vorstellbar, daß in dieser herben, gebirgigen Region mit ihrem rauhen Klima, die kaum eine ebene Fläche aufweist, Olivenbäume eine Lebensmöglichkeit finden. Und doch hat es seit ewigen Zeiten in den windgeschützten Niederungen, auf den hügeligen Ausläufern des Gran Sasso und in den Flußtälern eine bäuerliche Kulturlandschaft gegeben, die bis auf die Griechen zurückgeht. Weingärten, Obstplantagen, Getreidefelder und vor allem auch Olivenhaine brachten reiche Ernte, die allerdings durch das hügelige Gelände (das den Einsatz landwirtschaftlicher Maschinen bis heute erschwert) immer schon mühsamer einzubringen war als in anderen Regionen.

In den Abruzzen sind einige vorzügliche Extra Vergine zu finden. Westlich von Pescara, in den Orten Penne, Loreto und Moscufo wird ein besonders gutes Öl produziert, dessen fruchtige Fülle mit dem leicht herben Beigeschmack an toskanische Öle erinnert, während weiter südlich im Umkreis von Chieti ein weicheres, etwas dickflüssiges Öl gewonnen wird. Die hervorragende, scharf gewürzte Küche der Abruzzen (viele Köche in Rom stammen aus dieser Gegend) ist undenkbar ohne zwei wichtige Zutaten: Olivenöl und die kleinen roten Pfefferschoten, die hier wegen ihrer Schärfe *diavoletti* genannt werden. Die hausgemachten *Maccheroni alla chitarra* mit ihrem pikanten *sugo* oder das scharf gewürzte *Pollo all' arrabbiata* sind typische Beispiele für diese Küche. Wenn man Ihnen jedoch anbietet, Ihren Salat oder Ihre Pasta mit *olio santo* zu würzen, seien Sie vorsichtig. Das ist ein spezielles Öl aus den Abruzzen, in dem Pfefferschoten eingelegt waren und dessen höllische Schärfe einem Fremden die Tränen in die Augen treibt, während es Einheimische löffelweise genießen. Unter den Regionen Italiens wird die kleinste, Molise, die von den Abruzzen, Latium, Kampanien und Apulien umschlossen ist, nur allzu leicht vergessen. Sicher ist schon mancher Italienreisende auf dem Weg in den Süden durch diese reizvolle Landschaft zwischen Bergdörfern und Adriaküste mit ihren zahlreichen Spuren jahrtausendealter Geschichte gefahren, ohne es zu wissen. Hier ist die Landwirtschaft ein wichtiger Erwerbszweig, und die vielen kleinen Olivenhaine liegen wie silbrige Flecken zwischen Rebhängen und ausgedehnten Getreidefeldern. Ein für den Olivenanbau klimatisch besonders günstiges Gebiet ist das Flußtal des Biferno südlich der Hauptstadt Campobasso – hier werden Olivenöle von fruchtiger Fülle mit einer angenehmen, leichten Süße produziert – sowie das Umland von Isernia und Larino. Als besonders gut gilt das Öl, das aus der Olive *Gentile di Larino* gewonnen wird, aber auch die Sorten *Doratina, Rosciola* und *Frantoio* sind typisch für die Extra-vergine-Öle aus Molise.

ALTA SABINA

Produzent:
Cooperativa Olivicola
Dell' Alta Sabina
Via Licinese
02037 Poggio Moiana (Rieti)

*Die hochgelegene Kooperative
Alta Sabina, deren Mitglieder
sich verpflichtet haben, ihren
Olivenanbau auf streng bio-
logischer Basis zu betreiben,
ist für die Güte ihres leichten,
fruchtigen Ölivenöls ausgezeichnet worden.*

Farbe des Olivenöls: Grüngelb
Duft und Geschmack: Ausgesprochen intensiver,
                            reiner Geschmack nach der
                            Carboncella-Olive mit einem
                            leichten Kräuteraroma
Lage und Höhe
der Olivenhaine: 500 bis 600 m ü.d.M.
Verwendete Olivensorten: 80% Carboncella,
                            20% Leccino
Reifezustand bei der Ernte: Wenn die grünen Oliven
                            schwarz werden
Erntezeit: Dezember
Erntemethode: Handgepflückt
Methode der Ölgewinnung: Nach modernen Verfahren
                            kaltgepreßt
Anteil freier Fettsäuren: 0,44%

COLLE DEI FRATI

Produzent:
Azienda Agricola
Ermanno & Francesco Rosati
02030 Coltodino
di Fara Sabina
(Rieti)

*In den Sabiner Bergen ist der
Olivenanbau Jahrtausende alt –
die Sabiner Familie Rosati hat
sich dort eines der schönsten
Hügelgebiete für ihre Olivenhaine ausgesucht und verkauft
ihr anfangs intensiv schmeckendes, später mildes Öl unter
dem Namen »Colle dei Frati«.*

Farbe des Olivenöls:	Erst grüngold, später gelblicher
Duft und Geschmack:	Feiner Duft nach Oliven und frischem Gras, intensiver, fruchtiger Geschmack, Artischocken- und Mandel-aroma
Lage und Höhe der Olivenhaine:	In den Sabiner Bergen, 350 m ü.d.M.
Verwendete Olivensorten:	30% Carboncella, 40% Frantoio, 20% Leccino, 10% andere Sorten
Reifezustand bei der Ernte:	Grün-violett
Erntezeit:	November bis Dezember (in guten Jahren auch Januar)
Methode der Ölgewinnung:	Modernes Zentrifugalsystem; kaltgepreßt
Anteil freier Fettsäuren:	0,3%

PIETRA PINTA

Produzent:
Azienda Agricola
Francesco Ferretti
Colle San Lorenzo
Via Gramsci, 52
04010 Cori

*Die bäuerliche Kooperative, die
auf hügeligem Gelände nicht
weit von Rom liegt, verwendet
vor allem die Oliven ihrer
eigenen Mitglieder, kauft aber
auch welche aus der unmittelbaren Nachbarschaft hinzu.
Das Ergebnis ist ein zartes,
würziges Olivenöl, das
sich für die verschiedensten
italienischen Gerichte eignet.*

Farbe des Olivenöls:	Intensives Grün
Duft und Geschmack:	Feiner Duft, zarter Nach-klang von Artischocken und Mandeln
Lage und Höhe der Olivenhaine:	450 m ü.d.M.
Verwendete Olivensorten:	50% Frantoio, 10% Pendolino, 30% Leccino, 10% Moraiolo
Reifezustand bei der Ernte:	Grünlich
Erntezeit:	November bis Januar
Erntemethode:	Handgepflückt
Methode der Ölgewinnung:	Auf traditionelle Art von Mühlsteinen zerkleinert und kaltgepreßt
Anteil freier Fettsäuren:	0,2%

SABINUM
Produzent:
Sabina Agricola
Soc. Coop.
Loc. Corvello
02030 Coltodino di Fara
Sabina (Rieti)

Das Sabinum-Öl wird von der Cooperativa Sabina Agricola hergestellt – die hundertfünfzig Mitglieder sind Olivenbauern aus der Gegend zwischen Fara und Castelnuovo. Die Maßstäbe, die sich die Sabiner Ölproduzenten gesetzt haben, sind hoch, und das »Sabinum« ist ein ausgezeichnetes Öl.

Farbe des Olivenöls:	Grün mit goldgelben Reflexen
Duft und Geschmack:	Angenehmer, kräftiger Duft, reiner intensiver Olivengeschmack
Lage und Höhe der Olivenhaine:	350 m ü.d.M.
Verwendete Olivensorten:	40% Raia, 30% Carboncella, 20% Leccino, 10% andere
Reifezustand bei der Ernte:	Verblassendes Grün
Erntezeit:	Ende Oktober bis Dezember
Erntemethode:	Handgepflückt
Methode der Ölgewinnung:	Nach modernen Verfahren kaltgepreßt
Anteil freier Fettsäuren:	0,3%

OPERA MASTRA
(Tropföl)
Produzent:
Azienda Agricola
»Podere San Giovanni«
Via San Giovanni, 4
66022 Fossacesia (Chieti)

*Im Podere San Giovanni werden
drei völlig unterschiedliche Öle
hergestellt. Das Tropföl
»Opera Mastra« ist für meinen
Geschmack eine Delikatesse,
die man nur in kleinen Mengen
an Gerichte aus rohem Fisch
oder Fleisch sowie an feine
Salate geben sollte.*

Farbe des Olivenöls:	Grün-gold, später strohgelb
Duft und Geschmack:	Zartes, leicht nach Kräutern duftendes Öl mit sehr angenehmem, leicht bitterem Nachgang
Lage und Höhe der Olivenhaine:	200 m ü.d.M.
Verwendete Olivensorten:	85% Gentile di Chieti, 10% Leccino, 5% Olivastro Selvatico
Reifezustand bei der Ernte:	Wenn die grünen Oliven zu 70% dunkel geworden sind
Erntezeit:	November bis Dezember
Methode der Ölgewinnung:	Auf traditionelle Art von Mühlsteinen zerkleinert und kaltgepreßt
Anteil freier Fettsäuren:	0,3%

COLONNA

Produzent:
Azienda Agricola
Principessa Marina Colonna
86046 San Martino in Pensilis
(Campobasso)

*Auf dem Gut der Principessa
Colonna wird noch ein weiteres,
ganz spezielles Olivenöl
produziert, das »Granverde«
mit dem intensiven Zitronen-
geschmack. Für seine Herstellung kommen nach einem alten
Familienrezept Stücke von
unbehandelten Zitronen zusammen mit den Oliven in
die Ölmühle.*

Farbe des Olivenöls:	Grün-gelb
Duft und Geschmack:	Lieblicher Duft, kräftiger Olivengeschmack mit leicht bitterem Nachgang
Lage und Höhe der Olivenhaine:	150 bis 200 m ü.d.M.
Verwendete Olivensorten:	Cima di Melfi, Gentile di Larino, Leccino, Coratina, Ascolana, Peranzana
Reifezustand bei der Ernte:	Grün-violett
Erntezeit:	Mitte Oktober bis Dezember
Erntemethode:	Handgepflückt
Methode der Ölgewinnung:	Nach modernen Verfahren kaltgepreßt
Anteil freier Fettsäuren:	0,15 bis 0,35%

KAMPANIEN

Campania felix« nannte schon vor 2000 Jahren Plinius d.Ä. diese wohl heiterste Provinz Italiens. Die ganze Halbinsel Sorrent gilt noch heute bei den Italienern als der schönste Olivenhain der Welt. Wer je von Neapel nach Salerno gefahren ist, wird diesen unvergleichlich lieblichen Küstenstreifen nie vergessen. Die Straße führt an üppig blü-

Bucht von Neapel

henden, duftenden Gärten vorüber, an Orangen- und Zitronenhainen mit ihren leuchtenden Früchten, und vor allem wird man überall die silbrig schimmernden Olivenbäume entdecken. Große, gleichförmige Plantagen sind selten, es sind meistens Hänge mit Olivengärten. Jahrhundertealte Ölbäume mit dicken, rissigen Stämmen finden sich neben zarten jungen Bäumen, dazwischen glitzert die Sonne, und weit unten leuchtet das tiefblaue Meer.

Kampaniens Olivenöle – meist aus den Sorten *Frantoio* und *Leccino* gepreßt – mit ihrem zarten Duft nach Wiesenblumen, Ginster und Orangenblüten sind leicht und eignen sich sehr gut zur Zubereitung der köstlichen Gerichte der neapolitanischen Küche. Tomaten, Mozzarella und Basilikum, grünweiß-roter Inbegriff sommerlicher mediterraner Genüsse, aber auch die Spaghetti mit ihren zahllosen delikaten Tomaten-Sughi, die winzigen fritiertenMeeresfrüchte und natürlich die Pizza: Was wären sie alle ohne das Öl Kampaniens, mit dem sie beträufelt, vermischt oder ausgebacken werden. Man sollte erwarten, daß in dieser sonnenverwöhnten Region mit ihrer fruchtbaren vulkanischen Erde besonders viele edle Olivenöle produziert werden. Das ist bis auf wenige Ausnahmen nicht der Fall. Ich glaube aber, daß in Zukunft noch so manches große Öl aus der Campania kommen wird. Eines in diesem Buch hat ja auch bereits eine »Goldene Olive« bekommen.

LE CESINE
Produzent:
Azienda Agricola
di Margherita de Iapinis
Monterocchetta
82010 San Nicola Manfredi
(Benevento)

*In der hügeligen Landschaft
der Provinz von Benevento,
im Hinterland von Neapel,
produziert die Familie de
Iapinis in ihren ererbten
Olivenhainen ein Olivenöl,
das die Düfte und das Aroma
des sonnigen Kampanien
eingefangen hat.*

Farbe des Olivenöls:	Grünlich-gelb
Duft und Geschmack:	Zarter Duft von wildwachsenden Blumen und Kräutern, leichter Nachgeschmack von Mandeln
Lage und Höhe der Olivenhaine:	500 m ü.d.M.
Verwendete Olivensorten:	Ortice, Ortolana, Racioppella
Reifezustand bei der Ernte:	Wenn die grünen Oliven dunkel werden
Erntezeit:	Ende Oktober bis Anfang November
Erntemethode:	Handgepflückt
Methode der Ölgewinnung:	Auf traditionelle Art von Mühlsteinen zerkleinert und kaltgepreßt
Anteil freier Fettsäuren:	0,3%

LE PERACCIOLE
Produzent:
Alfonso Iaccarino
Corso Sant' Agata, 13
80061 Massa Lubrense

Don Alfonsos herrlicher Oliven-
garten ist der schönste, den ich
kenne. Der Hang am Ende der
sorrentinischen Halbinsel führt
bis zum Meer hinunter – immer
mit Blick auf Capri –, und die
Blätter der Olivenbäume
glänzen im Licht. Wenn Livia
und Alfonso in ihrem Restaurant
(natürlich mit ihrem eigenen
Olivenöl) kochen, dann schmeckt
man die wilden Kräuter der
mediterranen Küstenlandschaft.

Farbe des Olivenöls:	Grün mit goldfarbenen Reflexen
Duft und Geschmack:	Duft nach südlichen Kräutern und wildem Ginster, zarter Artischockengeschmack
Lage und Höhe der Olivenhaine:	250 m ü.d.M.
Verwendete Olivensorten:	80% Minucciola, 20% Rotondella
Reifezustand bei der Ernte:	Wenn die grünen Oliven dunkel werden
Erntezeit:	5. Oktober bis 15. Dezember
Erntemethode:	Handgepflückt
Methode der Ölgewinnung:	Nach modernen Verfahren kaltgepreßt
Anteil freier Fettsäuren:	0,3%

BASILIKATA

Zwar war schon in der antiken römischen Küche das lukanische Olivenöl hoch geschätzt, und auch heute noch sind ganze Landstriche in dieser Region von ausgedehnten Olivenwäldern bedeckt. Aber großen Wohlstand hat die Olive diesem immer noch sehr armen Teil Italiens bisher nicht gebracht. Die riesigen Plantagen sind überwiegend im Besitz von großen Konzernen und Kooperativen. Die Ernte erfolgt meist noch nach dem alten System: Man läßt die Oliven völlig ausreifen, bis sie auf den Boden fallen und auf-

Matera

gesammelt werden. Diese beschädigten Früchte können nur noch an die Industrie verkauft werden.

Die Besitzer kleinerer Olivenhaine, die häufig auch Wein anbauen, und die ihre selbstgeernteten Oliven zur Mühle bringen, erzeugen oft gerade soviel Öl, daß es für den Direktverkauf an die Haushalte der Umgebung ausreicht. Hier wird mit den sonnengereiften Gemüsen, der selbstgemachten Pasta aus Hartweizengrieß und dem guten bäuerlichen Brot eine traditionsreiche ländliche Küche aufgetischt, die – verfeinert durch das heimische Olivenöl – voller Wohlgeschmack ist.

Aber auch in der Basilikata erkennt man inzwischen die Zeichen der Zeit: Produzenten und kleine Kooperativen beginnen, die begehrten Extra-vergine-Olivenöle mit zum Teil neuesten Methoden zu erzeugen und auch zu exportieren. Die besten Öle kommen aus den Anbaugebieten Metapont und Melfi, die zur Umgebung des Monte Vulture gehören. Auf den hochgelegenen Olivenhängen ist die Erde vulkanischen Ursprungs und reich an Mikroelementen, die sich günstig auf die Qualität der angepflanzten Oliven auswirken. Unter den zahlreichen in der Basilikata angebauten Sorten sind vor allem die *Ogliarola Pugliese*, die *Maiatica* und die *Spagnola* bekannt.

MERUM
Produzent:
Frantolio Merum
Largo Stazione, 3
85022 Barile

*Das günstige Klima in über
600 m Höhe am Hang des
Berges Vulture und die sorgsame
Pflege, die man den Oliven
bei der Kooperative Frantolio
Merum während der Ernte
angedeihen läßt, ermöglichen
die Herstellung eines vorzüglichen Öls, das die
Speisen verfeinert, ohne
aufdringlich zu sein.*

Farbe des Olivenöls:	Grün mit Goldreflexen
Duft und Geschmack:	Zarter Olivenduft, fein-fruchtig mit angenehmem, leicht bitterem Nach-geschmack
Lage und Höhe der Olivenhaine:	650 m ü.d.M.
Verwendete Olivensorten:	Ogliarola del Vulture
Reifezustand bei der Ernte:	Schwarz
Erntezeit:	Vom 10. November bis 10. Januar
Erntemethode:	Handgepflückt
Methode der Ölgewinnung:	Nach modernen Verfahren kaltgepreßt
Anteil freier Fettsäuren:	0,3% bis 0,5%

KALABRIEN

Kalabrien ist nach Apulien der zweitgrößte Olivenöllieferant unter den italienischen Regionen, aber ähnlich wie in der banachbarten Basilikata geht der größte Teil der Ernte in die Raffinerien. Auf der Fahrt durch die fast unberührte kalabrische Landschaft fallen immer wieder die prachtvollen, oft 10 bis 15 Meter hohen Olivenbäume auf (besonders eindrucksvoll ist der Anblick in der Piana di Gioia Tauro). Aber bei den hochgewachsenen Bäumen wäre das Pflücken der Früchte mit der Hand so mühselig und arbeitsaufwendig, daß auf diese schonende Erntemethode verzichtet wird – sie ist zu kostspielig. So wartet man einfach, bis die reifen Oliven zu Boden fallen, sammelt sie auf und verkauft sie an die großen Mühlen der Raffinerien.

Die beiden langen Küstenstreifen am Ionischen und am Tyrrhenischen Meer unterscheiden sich beträchtlich, was Klima und Bodenbeschaffenheit angeht, und entsprechend differieren die Ernteerträge. Als beste Anbaugebiete gelten die Hügellandschaften um die Piana di Sibara und die Piana dei Crati sowie die Region um Castrovillari, deren Olivenhaine sich zum Teil bis auf 600 Meter Höhe erstrecken. Hier werden vor allem die Sorten *Carolea, Ogliara, Moresca* und *Maiatica* angepflanzt.

Die meisten Olivenölproduzenten Kalabriens haben bisher vor allem an italienische Privatkunden verkauft, nur wenige ihrer Extra-vergine-Öle sind auf dem europäischen Markt zu haben.

Aber lassen Sie mich zum Abschluß berichten, wie kalabrisches Olivenöl Amerika erobert hat. Ein paar clevere Kalabreser taten sich unlängst mit amerikanischen Geschäftsleuten zusammen und gründeten einen Musterbetrieb in Ciro, das von jeher als besonders fruchtbares Olivengebiet gilt. Die Fachleute dieser *azienda* kauften in Kalabrien große Mengen Oliven auf, die nach modernen Methoden zu Öl verarbeitet und abgefüllt wurden. Begleitet von einer äußerst geschickten Marketingstrategie – vor allem einer großen Pressekampagne – wurde an einem Stichtag im Spätherbst (ähnlich wie

Rivello

es beim Beaujolais Nouveau gehandhabt wird) das »*La Giara*«
extra vergine nuovo an Restaurants und Feinkostgeschäfte der
USA geliefert. Innerhalb kürzester Zeit stieg dort der Oliven-
ölverbrauch merklich an, und »Calabrian olive oil« war plötzlich zum Begriff geworden. Wenn dieses Öl hier nicht abgebildet ist, dann nur, weil ich meinem Prinzip treu bleiben
möchte, ausschließlich Olivenöle vorzustellen, die der Produzent selbst angebaut, geerntet, verarbeitet und abgefüllt
hat.

DONNAVASCIA
DI CALABRIA

Produzent:
Azienda Agricola Acconia
Dott. Bernardo Bevilacqua
88022 Acconia di Curinga
(Catanzaro)

*Seit 1500 hat die Familie
Bevilacqua auf ihrer Azienda
Agricola Acconia Olivenbäume
gepflanzt und Öl produziert.
Kein Wunder, daß bei dieser
Tradition ein Olivenöl angeboten
wird, das vor allem in Italien
seinen festen Stammkunden-
kreis hat.*

Farbe des Olivenöls:	Gelb mit Grünreflexen
Duft und Geschmack:	Frischer, reiner Duft nach Oliven, fruchtiges, leicht grasiges Aroma mit etwas bitterem Nachgemack von Artischocken und grünen Tomaten
Lage und Höhe der Olivenhaine:	Von Meereshöhe bis 250 m ü.d.M.
Verwendete Olivensorten:	Carolea
Reifezustand bei der Ernte:	Wenn sich die grünen Oliven violett färben
Erntezeit:	Oktober bis November
Erntemethode:	Handgepflückt
Methode der Ölgewinnung:	Auf traditionelle Art von Mühlsteinen zerkleinert und kaltgepreßt
Anteil freier Fettsäuren:	0,25 %

APULIEN

Wer je durch Apulien gereist ist, wird sich an ein endloses Meer von Olivenbäumen erinnern. Obwohl fast 50 Prozent des italienischen Olivenöls hier produziert wird, ist Apulien, »la gran madre dell' olio«, erst jetzt im Begriff, selbstbewußt eigene Extra-vergine-Öle mit dem »Puglia«-Etikett auf den Markt zu bringen. Lange Zeit wurden vor allem andere Olivenöl produzierende Regionen Italiens beliefert, die nicht über genügend eigene Bestände verfügen. Und noch immer wird ein Großteil der Oliven an die Industrie verkauft, da hier vielfach noch die einfachste Erntemethode angewendet wird: Man wartet, bis die reifen – oft überreifen – Früchte auf den Boden fallen, und damit kommen sie für ein qualitativ hochwertiges Produzentenöl nicht in Frage. Das hängt nicht zuletzt damit zusammen, daß die apulischen Olivenbäume meist sehr hochgewachsen sind und dadurch eine schonende Ernte zu schwierig und zu teuer wäre.

Dennoch – wenn Sie einmal auf den Spuren des Stauferkaisers Friedrichs II. durch Apulien fahren, lohnt es sich durchaus, einigen namhaften privaten Ölproduzenten einen Besuch abzustatten und an Ort und Stelle eine Kostprobe vorzunehmen. Auf dem Wege von Bari oder Barletta zu dem eindrucksvoll in den Himmel ragenden Castel del Monte zum Beispiel liegt Andria, die Hauptstadt des Olivenhandels. Die Strecke ist gesäumt von Weinbergen, Getreidefeldern und riesigen Olivenplantagen. Fast immer handelt es sich hier um die berühmte apulische *Coratina*-Olive (so benannt nach der Provinz Corato, ihrem Hauptanbaugebiet). Das Öl, das aus dieser Sorte gewonnen wird, ist von starkem Eigengeschmack, aber angenehm mild. Von Bari ist es auch nicht weit zur Stadt Bitonto, nach der die zweite wichtige Olivensorte, *Cima di Bitonto* (auch unter dem Namen *Ogliarola* bekannt), benannt ist. Sie ergibt ein sanftes Öl, das angenehm nach Rosmarin und anderen mediterranen Kräutern duftet.

Diesen beiden Ölen werden Sie in der apulischen Küche immer wieder begegnen. Vor allem die – zum Teil wildwachsenden und bei uns unbekannten – Gemüse entfalten ihr

Ostuni

herrliches Aroma erst mit Hilfe des heimischen Olivenöls. Gern wird das Gemüse mit Pasta vermischt, beispielsweise mit den berühmten *Orecchiette,* kleinen hausgemachten Nudeln, wie sie die Hausfrauen in der Altstadt von Bari mit unglaublicher Behendigkeit formen. Eine meiner apulischen Leibspeisen sind die *Orecchiette con cime di rapa,* ein vollendeter Zusammenklang von Pasta, wildwachsendem Brokkoli und Olivenöl. Das ist nur eines von vielen vorzüglichen vegetarischen Gerichten aus dieser schönen Region.

Aber zurück zu einer Reise durch Apulien mit Olivenölakzenten. Wenn Ihr Ziel der Gargano ist, können Sie bei den Produzenten in Mattinata und Manfredonia ein paar hervorragende Extra-vergine-Öle erstehen. Sie werden überrascht sein, wie aromareich und fruchtig ihr Geschmack ist, obwohl die Ölbäume auf so kargem, felsigem Boden wachsen. Fahren Sie tiefer in den Süden, etwa um die kuriosen kegelförmigen Trulli-Häuser im Umkreis von Alberobello zu besichtigen, so lohnt es sich auch hier, bei einer der Ölmühlen hereinzuschauen – in dieser Gegend gibt es ebenfalls vorzügliche Öle. Und nicht weit davon, bei Ostuni, können Sie Apuliens schönste Olivenwälder bestaunen mit den riesigen alten, silbrig schimmernden, oft ineinander verschlungenen Bäumen. Wandern Sie an einem Frühlingstag, wenn tausende weißer, violetter und roter Blumen blühen, durch diese Olivenhaine – es ist ein einmaliges Erlebnis.

OLIO BISCEGLIA
Produzent:
Frantoio Oleario
M. Bisceglia-Figli
Via C. Battisti, 72
71030 Mattinata
(Gargano)

*Die Azienda der Fratelli
Bisceglia liegt in Mattinata,
einer der berühmtesten Zonen
Apuliens für den Olivenanbau.
Neben ihrem »Olio Bisceglia«
bieten sie noch ein nobles
»Olio di Affioramento« an,
ein Tropföl, das intensiv nach
den sonnengereiften wilden
Gemüsen Apuliens duftet.*

Farbe des Olivenöls:	Gelb mit goldfarbenen Reflexen
Duft und Geschmack:	Zarter Kräuterduft, fruchtiger Geschmack von Oliven, leichter Mandelton
Lage und Höhe der Olivenhaine:	Auf der schönen Halbinsel Gargano, 200 m ü.d.M.
Verwendete Olivensorten:	Einheimische Olivensorten
Reifezustand bei der Ernte:	Grün
Erntezeit:	Oktober bis Dezember
Erntemethode:	Handgepflückt
Methode der Ölgewinnung:	Auf traditionelle Art von Mühlsteinen zerkleinert und kaltgepreßt
Anteil freier Fettsäuren:	0,5 %

CASTEL DEL MONTE
Cima di Bitonto
(Tropföl)
Produzent:
Don Franco Cuonzo
70036 Palombaio (Bari)

Das Landgut von Don Franco Cuonzo liegt in der Nähe des weithin sichtbaren Hohenstaufenschlosses Castel del Monte – zwischen endlosen Olivenhainen. Das Tropföl »Cima di Bitonto« aus der edlen Ogliarola-Olive (die auch Cima di Bitonto heißt) ist eine kleine Kostbarkeit, die man vor allem über gedämpften Fisch oder zarte Salate träufeln sollte.

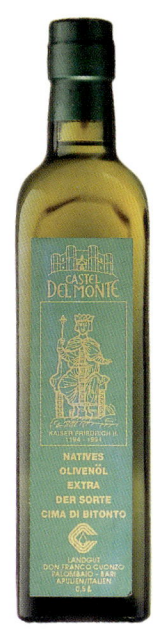

Farbe des Olivenöls:	Goldgelb mit Grünschimmer
Duft und Geschmack:	Frischer Duft nach Gras und Apfel, vollmundig mit leichter Süße, zarter Mandel-Abgang
Lage und Höhe der Olivenhaine:	200 bis 300 m ü.d.M.
Verwendete Olivensorten:	Ogliarola
Reifezustand bei der Ernte:	Grün, gelb, rötlich, violett, blauschwarz
Erntezeit:	Dritte Novemberwoche bis Ende Dezember
Erntemethode:	Handgepflückt
Methode der Ölgewinnung:	Auf traditionelle Art von Mühlsteinen zerkleinert und kaltgepreßt
Anteil freier Fettsäuren:	0,2 bis 0,4%

CASTEL DEL MONTE
Coratina
Produzent:
Don Franco Cuonzo
70036 Palombaio (Bari)

*Olivenöl aus der Coratina-Olive
hat immer einen leichten,
pikanten Bitterton, der von
vielen Feinschmeckern sehr
geschätzt wird. Bei Franco
Cuonzo wird die Coratina-
Olive zu einem besonders
edlen Öl verarbeitet.*

Farbe des Olivenöls:	Goldgelb mit leichtem Grünton
Duft und Geschmack:	Fruchtig herber Duft, mit einem leichten Hauch von sonnengereiften Tomaten
Lage und Höhe der Olivenhaine:	200 bis 300 m ü.d.M.
Verwendete Olivensorten:	Coratina
Reifezustand bei der Ernte:	Grün, gelb, rötlich, violett, blauschwarz
Erntezeit:	Dritte Novemberwoche bis Mitte Dezember
Erntemethode:	Handgepflückt
Methode der Ölgewinnung:	Auf traditionelle Art von Mühlsteinen zerkleinert und kaltgepreßt
Anteil freier Fettsäuren:	0,2 bis 0,4%

GALANTINO
Fruttato intenso
Produzent:
Frantoio Fratelli Galantino
Via V. Corato, 2
70052 Bisceglie (Bari)

*Die Oliven der Firma Galantino
werden seit 1928 im eigenen
landwirtschaftlichen Betrieb
»La Fenice« geerntet. Wer die
edlen Tropföle schätzt, sollte
einmal das »Affiorato« der
Firma Galantino versuchen.*

Farbe des Olivenöls:	Grün mit goldfarbenen Reflexen
Duft und Geschmack:	Fruchtiger Duft, feiner Olivengeschmack, zarter Nachklang von Artischocken und Mandeln
Lage und Höhe der Olivenhaine:	50 bis 130 m ü.d.M.
Verwendete Olivensorten:	40% Coratina, 60% Ogliarola
Reifezustand bei der Ernte:	30% grün, 20% gelb, 50% schwarz
Erntezeit:	November bis Dezember
Erntemethode:	Handgepflückt
Methode der Ölgewinnung:	Auf traditionelle Art von Mühlsteinen zerkleinert und kaltgepreßt
Anteil freier Fettsäuren:	0,4%

135

MONTI DEL DUCA

Produzent:
Stefano Caroli
C. da Trazzonara, 526
74015 Martina Franca
(Taranto)

*Stefano Carolis Olivenöl ist bei
italienischen Hausfrauen und
Köchen besonders beliebt – es
wird vor allem im Versand-
handel vertrieben. Mir schmeckt
das pikante, aber leicht süße
»Monti del Duca« besonders
gut, auch wenn ich weiß, daß
Caroli nicht nur Oliven aus eigener Ernte verarbeitet, sondern
auch aus seiner Umgebung,
der Valle d'Itria, dazukauft.*

Farbe des Olivenöls:	Zartes Grün mit Goldreflexen
Duft und Geschmack:	Reiner Olivengeschmack mit Kräuter-Aroma
Lage und Höhe der Olivenhaine:	Meereshöhe
Verwendete Olivensorten:	Coratina, Frantoio, Leccino, Olivastro
Reifezustand bei der Ernte:	Teils grün, teils schwarz
Erntezeit:	November bis Dezember
Methode der Ölgewinnung:	Auf traditionelle Art von Mühlsteinen zerkleinert und kaltgepreßt
Anteil freier Fettsäuren:	0,5 bis 0,6%

SANTA CROCE
E SANT' ALOJA

Produzent:
Azienda Agricola
Santa Croce & Sant' Aloja
Corso Vittorio Emanuele, 10
70122 Bari

*Die Familie Sinesi bewirtschaftet
die Azienda Santa Croce e Sant'
Aloja seit Generationen und ist
ständig darum bemüht, die
jahrhundertealten Olivenbäume
ihrer Plantagen durch moderne
Methoden zu veredeln und
die Qualität ihres beliebten
Olivenöls noch zu steigern.*

Farbe des Olivenöls:	Grün mit goldenen Reflexen
Duft und Geschmack:	Leichter Blütenduft
	und zarter Mandel- und
	Nußgeschmack
Lage und Höhe	
der Olivenhaine:	Meereshöhe
Verwendete Olivensorten:	Coratina
Reifezustand bei der Ernte:	Zur Hälfte grün,
	zur Hälfte fast reif
Erntezeit:	Dezember bis Januar
Methode der Ölgewinnung:	Nach modernen Verfahren
	kaltgepreßt
Anteil freier Fettsäuren:	0,3%

LA SPINETA
Produzent:
Pellegrino
C. da La Spineta
70031 Andria (Bari)

*Seit über hundert Jahren widmet
sich die Familie Pellegrino in
ihrem landwirtschaftlichen
Betrieb besonders dem Olivenanbau und der Erzeugung von
Olivenöl. Dabei werden nach
sorgfältiger Auswahl auch
Oliven hinzugekauft.*

Farbe des Olivenöls:	Gelb mit Grüntönen
Duft und Geschmack:	Feiner Olivenduft, fruchtiges Aroma mit angenehm bitterem Nachgeschmack von Mandeln
Lage und Höhe der Olivenhaine:	300 m ü.d.M.
Verwendete Olivensorten:	Coratina
Reifezustand bei der Ernte:	70% grün, 30% schwarz
Erntezeit:	November bis Januar
Methode der Ölgewinnung:	Auf traditionelle Art von Mühlsteinen zerkleinert und kaltgepreßt
Anteil freier Fettsäuren:	0,2%

SIZILIEN

Auf Sizilien habe ich meine »Ur«-*Bruschetta* gegessen, die mir immer unvergeßlich bleiben wird. Während einer Pressereise im November landeten wir, aus dem grauen Norden kommend, bei strahlender Sonne in Catania. Der Anblick des azurblauen Himmels war überwältigend. Anschließend fuhren wir, auf dem Weg zu einer Ölmühle im Landesinneren, auf einsamen Straßen durch eine lichterfüllte Sommerlandschaft, vorbei an riesigen Zitronen- und Orangenplantangen mit leuchtenden Früchten und herrlich duftenden Blüten. Hochgestimmt kamen wir an unserem Zielort an, einem kleinen, ärmlichen Dorf. In einem großen Schuppen stand die alte Steinmühle mit den Mühlrädern aus Granit, die die Oliven zermalmte. Der entstandene Brei wurde auf Strohmatten gestrichen und gepreßt. Zuletzt wurden Fruchtwasser und Öl durch eine Zentrifuge voneinander getrennt. Dieses lauwarme, grüngelbe, ungefilterte Öl kam in einem Krug auf den Tisch, dazu große Scheiben ungesalzenes, geröstetes Bauernbrot, Salz, Pfeffer und Origano, schließlich Gläser und Landwein. Jeder träufelte etwas Olivenöl auf sein warmes Brot, streute Salz, Pfeffer und Origano darüber und aß es aus der Hand. Das Öl duftete leicht nach Orangen und Zitronen. So rein und ursprünglich habe ich Bruschetta nie wieder genossen.

Das zweite unvergeßliche Erlebnis auf Sizilien waren für mich die uralten Olivenbäume, die gleichsam den Hauch der Geschichte atmen. Als die Griechen zur Zeit der Magna Graecia die Insel kolonisierten, bauten sie nicht nur die prachtvollsten Tempel in Agrigent, Segesta und Selinunt, sondern pflanzten auch die ersten Olivenbäume. Und wenn man zwischen den halbverfallenen Kultstätten umherwandert, wird man überall wilde Olivenbäume entdecken, die fast noch aus der Antike stammen könnten.

Doch neues Leben sprießt aus den Ruinen: Nur wenige Kilometer von Selinunt entfernt werden zwei der besten Extravergine-Olivenöle Siziliens erzeugt, die sich allerdings im Geschmack deutlich unterscheiden. Als ich die Produzenten

fragte, wie es trotz gleicher Klimaverhältnisse zu diesem Geschmacksunterschied kommen könne, erklärten beide, das liege an den Olivensorten, die sie verwendeten. Der eine sagte, die *Nocellara di Castelvetrano* sei das Geheimnis seines guten Öls, der andere schwor auf die Mischung der *Nocellara del Belice* mit der *Biancolilla* und der *Cerasuola*. Die Gegend um Castelvetrano gilt allgemein als gutes Anbaugebiet, ebenso wie das Umland von Trapani, Ragusa, Syrakus, Palermo und Messina, aber im Grunde ist ganz Sizilien übersät von Olivenhainen. Der Ölverbrauch der Inselbewohner ist hoch.

Die Fülle verschiedener Mittelmeerfische, die sonnengereiften Auberginen, Tomaten und Zucchini brauchen viel Olivenöl, um das ganze südliche Aroma zu entfalten, das so typisch ist für sizilianische Gerichte. Außer den obengenannten sind unter den zahlreichen Olivensorten auf der Insel die *Ogliarola Messinese, Santagetese, Passaluneria* und *Moresca* die bekanntesten.

140

BIANCOLILLA
DI CALTABELLOTTA

Produzent:
Cooperativa Agricola
»San Pellegrino«
Via Madrice, 56
92010 Caltabellotta
(Agrigento)

*San Pellegrino in der hügeligen
Landschaft bei Agrigent ist eine
Genossenschaft kleiner Oliven-
ölproduzenten. Sie stellen ein
Extra Vergine aus der Olive
Biancolilla her, das auch bei
anspruchsvollen Kunden seinen
Markt findet. Die hochgelegenen
Olivenplantagen haben kaum
unter Schädlingsbefall zu leiden.*

Farbe des Olivenöls:	Grasgrün mit Goldreflexen
Duft und Geschmack:	Intensiver Oliven- und Kräuterduft, im Geschmack zartsüß, mit Artischocken-aroma
Lage und Höhe der Olivenhaine:	500 bis 700 m ü.d.M.
Verwendete Olivensorten:	Biancolilla Caltabellottese
Reifezustand bei der Ernte:	Grün bis rosa-gelb
Erntezeit:	Oktober bis Dezember
Erntemethode:	Handgepflückt
Methode der Ölgewinnung:	Auf traditionelle Art von Mühlsteinen zerkleinert und kaltgepreßt
Anteil freier Fettsäuren:	0,24%

FRANTOIA

Produzent:
Premiati Oleifici Barbera
Via E. Amari, 55a
90139 Palermo

*In einem Restaurant in Catania
wurde mir ein Salat serviert, der
mit einem ungewöhnlich köstlichen Öl angemacht war. Der
Padrone besorgte mir eine
Flasche davon, und anhand des
Etiketts fand ich die Anschrift
des Ölproduzenten heraus.
Hier kann ich Ihnen also das
gute »Frantoia« vorstellen, das
ich selbst gerne verwende und
das auch in Deutschland
erhältlich ist.*

Farbe des Olivenöls:	Milchiges Grün mit Goldreflexen
Duft und Geschmack:	Voller, aromatischer Duft mit frischen Akzenten, abgerundeter Fruchtgeschmack leichter Mandelton
Lage und Höhe der Olivenhaine:	400 m ü.d.M.
Verwendete Olivensorten:	20% Nocellara, 40% Ogliarola, 40% Biancolilla
Reifezustand bei der Ernte:	Zu 50% grün, zu 20% halbreif, zu 30% braun
Erntezeit:	Oktober bis Dezember
Erntemethode:	Handgepflückt
Methode der Ölgewinnung:	Auf traditionelle Art von Mühlsteinen zerkleinert und kaltgepreßt
Anteil freier Fettsäuren:	0,2 bis 0,3%

OLIO VERDE

Produzent:
Gianfranco Becchina, Antica Tenuta
dei Principi Pignatelli
91022 Castelvetrano (Trapani)

*Nur wenige Kilometer von den
Tempeln von Selinunt entfernt in
Castelvetrano erzeugt Gianfranco
Becchina ein Olivenöl von unge-
wöhnlichem Wohlgeschmack. Er
erklärte mir, daß nicht nur das
vorzügliche Klima und die Ein-
haltung der traditionellen Erntemethoden dem Öl das unvergeßliche Aroma geben, sondern vor
allem die Olive Nocellara, die
er ohne jede Mischung mit
anderen Oliven verwendet.*

Farbe des Olivenöls:	Grün-golden
Duft und Geschmack:	Angenehmer, kräftiger Duft, frisches Aroma von grünen Bananen und zarter Nuß- geschmack
Lage und Höhe der Olivenhaine:	200 m ü.d.M.
Verwendete Olivensorten:	Nocellara di Castelvetrano
Reifezustand bei der Ernte:	Grün
Erntezeit:	Beginn ca. 10. Oktober
Erntemethode:	Handgepflückt
Methode der Ölgewinnung:	Auf traditionelle Art von Mühlsteinen zerkleinert und kaltgepreßt
Anteil freier Fettsäuren:	0,25 bis 0,35 %

RAVIDÀ

Produzent:
Azienda Agricola Ravidà
Via Roma, 173
92013 Menfi

*Signor Ravidà, der Produzent
dieses vor kurzem international
preisgekrönten Olivenöls aus der
klassischen Gegend von Menfis,
verriet mir, daß der zarte Zitro-
nenduft, der typisch für das
Ravidà-Öl ist, nicht etwa künst-
lich hinzugefügten Zitronen ent-
stammt, sondern der Tatsache,
daß die Zitronenhaine zur selben
Zeit wie die Oliven blühen und
die Bienen beim Honigsammeln
den Duft übertragen.*

Farbe des Olivenöls:	Gelb mit Grünton
Duft und Geschmack:	Intensiver, würziger Duft, vollmundiges, angenehm kräftiges Aroma, zarter Zitronengeschmack
Lage und Höhe der Olivenhaine:	Meereshöhe
Verwendete Olivensorten:	Cerasuola, Biancolilla, Nocellara del Belice
Reifezustand bei der Ernte:	Wenn die Sorte Cerasuola grün-violett, Biancolilla grün und Nocellara noch unreif ist
Erntezeit:	November bis Dezember
Methode der Ölgewinnung:	Nach modernen Verfahren kaltgepreßt
Anteil freier Fettsäuren:	0,4%

RUSTICO
Produzent:
Cooperativa Agricola Trapanese
Via Marsala, 74
91027 Paceco (Trapani)

*Auch für das Öl »Rustico«
hat sich eine Kooperative von
Olivenbauern bei Trapani an
den Ausläufern des Monte
Erice zusammengeschlossen,
die nur die Oliven eigener Ernte
verarbeitet und abfüllen läßt.
Da immer die gleichen Olivensorten vom gleichen Territorium
verarbeitet werden, hat das
»Rustico« trotz des Zusammen-
mischens einen unverwechsel-
baren Geschmack.*

Farbe des Olivenöls:	Grün mit Goldreflexen
Duft und Geschmack:	Würzig-kräftiger Duft, angenehm ausgeprägter Olivengeschmack
Lage und Höhe der Olivenhaine:	100 bis 400 m ü.d.M.
Verwendete Olivensorten:	Cerasuola, Nocellara, Biancolilla
Reifezustand bei der Ernte:	Wenn die grünen Oliven schon leicht dunkel werden
Erntezeit:	November bis Dezember
Erntemethode:	Handgepflückt
Methode der Ölgewinnung:	Nach modernen Verfahren kaltgepreßt
Anteil freier Fettsäuren:	0,5 %

145

SARDINIEN

Sardinien ist ein Kontinent für sich, behaupten Kenner dieser schönen, wilden Insel. Es gibt dort beispielsweise noch Orte, in denen Katalanisch statt Italienisch gesprochen wird, ganz abgesehen von den unzähligen Dialekten, die auch ein Italiener vom Festland nicht ohne weiteres versteht. Und auch die sardische Küche ist eine Mischung von Gerichten aus verschiedenen mediterranen Ländern, die keineswegs typisch italienisch genannt werden kann.

Die ersten Ölbäume haben hier nicht die Griechen, sondern die Phönizier gepflanzt, heißt es, und später machten sich auch die Spanier um den Olivenanbau verdient. Daß eine beliebte sardische Olivensorte *Palma* heißt, läßt an die Hauptstadt Mallorcas denken und weist womöglich auf frühe Verbindungen zu den Balearen hin. Trotz des Tourismus an den smaragdfarbenen Küstenstreifen ist im Inneren der Insel eine Flora und Fauna erhalten geblieben, wie sie sonst im Mittelmeerraum nicht mehr existiert, und die italienische Regierung ist bemüht, dieses Stück Paradies als Naturschutzgebiet so gut wie möglich zu bewahren. Nirgends habe ich zwischen üppiger Macchia so viele Korkeichen, Eukalyptusbäume, Feigenkakteen und wildwachsende Olivenbäume gesehen wie hier.

Aber auch die Olivenhaine prägen das Landschaftsbild. In einigen Regionen Sardiniens wird ein gutes, meist goldgelbes Extra Vergine mit grünlichen Reflexen produziert, das einen vollen, kräftigen Fruchtgeschmack hat und einen Duft von sonnengereiften Gemüsen. Am intensivsten betreibt man den Olivenanbau im Nordwesten der Insel, rund um die Stadt Sassari. Nicht weit davon, in dem hügeligen Küstengebiet bei Alghero, wird ein besonders mildes, leicht kräuterduftendes Olivenöl erzeugt. Gelobt wird auch das Extra Vergine aus der etwas weiter südlich gelegenen Gegend um das Städtchen Bosa, nach dem die Olivensorte *Bosana* benannt wurde.

Weitere Sorten auf der Insel sind *Olianedda, Frantoiana, Tonda* und die schon erwähnte *Palma*. Als feinstes aller sardischen

Sardische Westküste bei Alghero

Olivenöle gilt das von Monte Ferru in der großartigen, sonnenverbrannten Provinz Oristana.
Übrigens: Wenn Sie in Sardinien bei einem Olivenbauern Öl
kaufen, erkundigen Sie sich nach dem Erntejahr. Hier herrscht
nämlich häufig der Glaube, daß Olivenöl wie Wein »reifen«
sollte. Glauben Sie das nicht, auch sardisches Olivenöl
schmeckt im ersten Jahr am besten. Davon können Sie sich
gleich an Ort und Stelle überzeugen, wenn Sie das heimische
Hirtenbrot – hauchdünne Brotfladen, *carta da musica* genannt
– im Ofen oder Grill etwas anwärmen, leicht salzen und mit
einem *olio di Sardegna* beträufeln: eine köstliche Bruschetta-
Variante.

SAN GIULIANO

Produzent:
Domenico Manca
Via Carabuffas, C.P. 56
07041 Alghero

*Für die Zubereitung von
Gemüsegerichten und typisch
italienischen Speisen ist dieses
unaufdringliche sardische
Olivenöl zu empfehlen – auch
vom Preis her. Es gibt neben
dem wohlbekannten »San
Giuliano« noch ein weiteres
Öl, »Fruttato« genannt, das
einen besonders noblen Akzent
in die feine Küche bringt und
natürlich seinen Preis hat.*

Farbe des Olivenöls:	Goldgelb mit grünlichen Reflexen
Duft und Geschmack:	Zarter Kräuterduft, angenehmes Aroma nach Gräsern und Artischocken, zartbitterer Nachgeschmack von Mandeln
Lage und Höhe der Olivenhaine:	Meereshöhe, in Hügelland übergehend
Verwendete Olivensorten:	Bosana, Frantoiana
Reifezustand bei der Ernte:	Grün oder wenn die grünen Oliven dunkel werden
Erntezeit:	November bis Januar
Erntemethode:	Handgepflückt
Methode der Ölgewinnung:	Auf traditionelle Art von Mühlsteinen zerkleinert und kaltgepreßt
Anteil freier Fettsäuren:	0,25 bis 0,4%

FRATELLI SECCHI
Produzent:
Fratelli Secchi fu Vittorio
Viale Porto Torres, 21
07100 Sassari

*Die Società Fratelli Secchi
hat ihre Olivenhaine im Norden
der Insel und kauft von den
benachbarten sardischen
Bauern Oliven zur eigenen
Produktion dazu.*

Farbe des Olivenöls:	Goldgelb mit grünlichen Reflexen
Duft und Geschmack:	Duft nach Artischocken, intensiver Olivengeschmack mit leichtem Bitterton
Lage und Höhe der Olivenhaine:	250 bis 450 m ü.d.M.
Verwendete Olivensorten:	Bosana
Reifezustand bei der Ernte:	Grün
Erntezeit:	Mitte November bis Ende Januar
Erntemethode:	Die Oliven werden mit Stangen heruntergeschlagen und in Netzen aufgefangen
Methode der Ölgewinnung:	Nach modernen Verfahren kaltgepreßt
Anteil freier Fettsäuren:	0,4 bis 0,5 %

Spanien

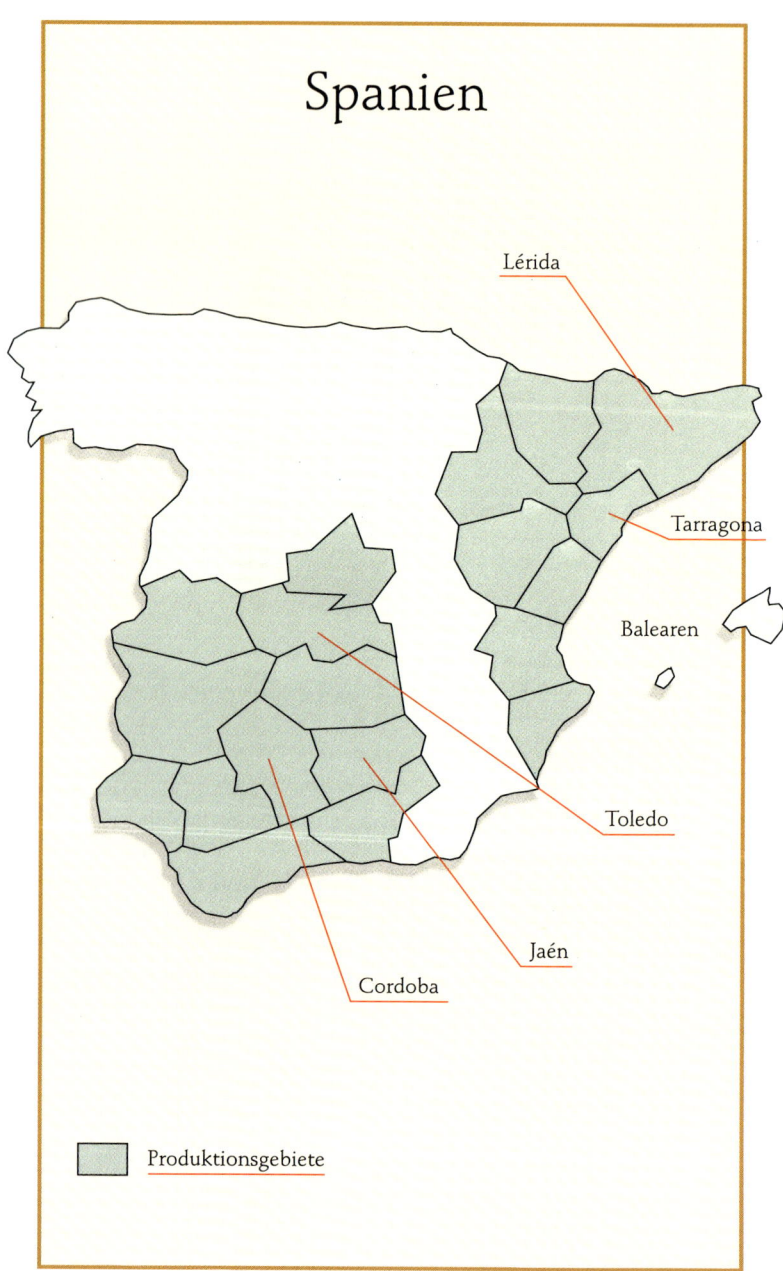

Lérida

Tarragona

Balearen

Toledo

Jaén

Cordoba

Produktionsgebiete

SPANIEN

Die größte Entdeckung bei meiner Suche nach den besten Olivenölen Europas war Spanien, und gerade hier waren meine Erwartungen nicht allzu groß gewesen. Denn während der vielen Jahre, in denen wir ein Sommerhaus auf Ibiza hatten, wurden in den dortigen Läden (in denen es inzwischen alle erdenklichen Delikatessen gibt) nur Olivenöle von sehr unbefriedigender Qualität in Plastikflaschen und Kanistern angeboten. Aber als ich mich auf dem Festland nach spanischen Olivenölen für meinen Guide umsah, erlebte ich eine große Überraschung. Ich lernte Spitzenöle kennen, die sich durchaus mit den italienischen messen können.

Das Hauptanbaugebiet für Oliven ist Andalusien, diese südlichste Landschaft Spaniens mit ihren reizvollen Kontrasten. Verläßt man die schönen, von der vielfältigen Kultur der Mauren geprägten Städte mit ihren Palästen, schattenspendenden Innenhöfen, blühenden Gärten und Springbrunnen, findet man Landschaften von großartiger Weite und Stille vor. So fährt man stundenlang hügelauf, hügelab an endlosen Olivenhainen entlang (in gleichmäßigen Abständen stehen Gruppen von zwei bis drei Bäumen zusammen), die hin und wieder von schneeweiß gekalkten Gutshäusern – *cortejos* – unterbrochen werden. Hier leben in den drei bis vier Monaten während der Zeit der Ernte und Ölgewinnung die Besitzer oder Pächter mit ihren Familien. Die Herzlichkeit, mit der sie den Gast begrüßen, die Geduld, mit der sie ihm den traditionellen oder hochmodernen Mühlenbetrieb erklären, ist beeindruckend. Und die Degustation der frischgepreßten Öle war für mich ein Erlebnis. Wir besuchten zwei benachbarte große Landgüter mit Olivenanbau: Eines lag in einem wasserarmen Gebiet, und die Ölbäume waren auf den Nachttau und die äußerst geringe jährliche Regenmenge angewiesen, die sie mit ihren langen Wurzeln mühsam aus der Erde sogen. Auf der zweiten Plantage, die in der Nähe eines Flusses lag, konn-

ten mit Hilfe eines modernen Irrigationssystems die Bäume regelmäßig bewässert werden. Natürlich war die gewonnene Ölmenge beim ersten Betrieb geringer, aber sein kräftig-fruchtiges, würziges, leicht scharf schmeckendes Öl konnte sehr gut bestehen neben dem milden, vollmundigen des Nachbarn. Ich stelle Ihnen beide Öle auf den folgenden Seiten vor.

Danach habe ich in Andalusien noch so manches *aceite extra virgen* verkostet, das mich wirklich begeistert hat. Doch ein großer Teil der spanischen Öle, von denen viele den »Nativ-extra«-Kriterien der EU vollauf genügen, werden noch immer exportiert – vor allem nach Italien. Erst seit einiger Zeit beginnen Firmen in Spanien, ihre hochwertigen Öle selbst abzufüllen und unter eigenem Namen zu verkaufen.

Übrigens werden die typischen eckigen Flaschen in manchen Gebieten Spaniens noch immer nach alter Tradition mit Siegellack verschlossen. Das ist zwar dekorativ, aber unpraktisch: Beim Öffnen der Flasche fallen leicht Siegellackstückchen hinein, außerdem kommt zuviel Öl auf einmal aus dem weiten Flaschenhals. Vielleicht sollte eine Vorrichtung zum Ausgießen mitgeliefert werden.

Auch Katalonien im Nordosten des Landes ist ein bedeutendes Anbaugebiet, wo vor allem in den Provinzen Lérida und Tarragona vorzügliches Olivenöl erzeugt wird. Hier herrscht die Mischkultur vor: Olivenbäume werden im Wechsel mit Mandelbäumen gepflanzt. Im Februar-März, wenn die rosig angehauchten Mandelblüten zwischen silbrigen Olivenzweigen schimmern, ist das ein bezaubernder Anblick.

Es ist etwas mühsam, sich im Dschungel der spanischen Herkunftsbezeichnungen und Olivensorten zurechtzufinden, da beide nicht an fest umrissene Gebiete gebunden sind. Die Herkunftsbezeichnung – *Denominación de Origen,* abgekürzt D.O. – stellt eine Qualitätsgarantie dar: Mit diesem Gütezeichen werden nur Extra-virgen-Olivenöle versehen, die nach den strengen Regeln für Aufzucht, Ernte und Gewinnung erzeugt werden. Die Bezeichnung *Denominación de Origen …* steht auf jeder Flasche, deren Inhalt diesen Kriterien entspricht.

1. *Borjas Blancas* ist das Gütezeichen für *aceites extra virgen* aus Katalonien, vor allem aus der Provinz Lérida mit den Bereichen Las Garrigas und Segarra Baja. Die hier am häufigsten angebaute Olive ist die *Arbequina,* die ein sanftes, leicht süßliches Öl mit leicht nussigem Nachklang ergibt. Die Borjas-Blancas-Öle müssen zu 90 Prozent aus dieser Sorte hergestellt sein.

2. *Siurana* ist die Herkunftsbezeichnung für Olivenöle aus der Provinz Tarragona, nach dem Gebiet um den Fluß Siurana, einem Nebenfluß des Ebro, benannt. Auch diese Öle müssen zu 90 Prozent aus *Arbequina*-Oliven hergestellt sein sowie aus den Sorten *Rojal* und *Morrut.* Im Siurana-Gebiet werden die Olivenbäume häufig im Wechsel mit Rebstöcken angebaut. Bei Ölen mit dieser Herkunftsbezeichnung gibt es jeweils eine ausgeprägt fruchtige »Frühe Ernte« mit einem grünlichen Farbton und eine süße, goldgelbe Variante aus der späten Ernte.

3. Die Herkunftsbezeichnung *Baeña* bezieht sich auf andalusische Olivenöle aus der Gegend von Baeña und aus anderen Bereichen der Provinz Cordoba und angrenzender Gebiete. Die verwendeten Oliven sind die *Picual* oder *Carrasqueña* von Cordoba, oder auch die Sorten *Lechina* und *Hojiblanca* sind zugelassen.

4. Mit dem Gütezeichen *Sierra de Segura* werden andalusische Olivenöle aus dem Nordosten der Provinz Jaén ausgezeichnet. Diese Anbaugebiete gelten als die besten Andalusiens – die Öle sind grün-gelb, von kräftigem Fruchtgeschmack, aromareich und leicht bitter.

Leider hat meine Suche nach den besten spanischen Olivenölen ein etwas unbefriedigendes Ende gefunden. Durch häufiges Verkosten und mit Hilfe spanischer Freunde und Köche hatte ich schließlich die Namen von etwa vierzig guten Extravirgen-Olivenölen und die Adressen ihrer Produzenten zusammengetragen. Diesen wurden – wie allen Produzenten, die für meinen Guide in Frage kamen – ein Brief und ein Fragebogen in der Landessprache zugeschickt, in denen sie um genaue Auskünfte über ihre Öle und um die wesentlichen Informationen über Aufzucht, Ernte und Methoden der Ölgewinnung gebeten wurden. Es kamen nicht einmal fünfzehn Rückantworten, und sieben davon sind den deutschen Importeuren zu verdanken. Auch die zuständigen Institutionen konnten oder wollten nicht behilflich sein. Das bedaure ich sehr, denn ich hätte den oft vorzüglichen spanischen Olivenölen gern eine Chance gegeben, durch dieses Buch besser bekannt zu werden.

CAMPOLIVA-ABASA

Produzent:
Aceites Virgenes de Oliva
de Baeña »Abasa«
Ctra. de Fuentidueña
14850 Baeña (Cordoba)

*Das Campoliva-Abasa gehört
zu den mit dem Gütesiegel
D.O. Baeña ausgezeichneten
Olivenölen aus der Provinz
Cordoba. Die Mischung aus
fünf sorgfältig aufeinander
abgestimmten Olivensorten
ergibt ein besonders ange-
nehmes, fruchtiges Aroma.*

Farbe des Olivenöls:	Gelb mit intensivem Grünton bis goldgelb
Duft und Geschmack:	Frischer, fruchtiger Duft, angenehm kräftiger Oliven- geschmack, leicht bitteres Mandelaroma
Lage und Höhe der Olivenhaine:	400 bis 800 m ü.d.M.
Verwendete Olivensorten:	20% Picudo, 30% Picual, 30% Hojiblanco, 20% Jarduo und Pajarero
Reifezustand bei der Ernte:	Von Grünrot über Tiefviolett bis Schwarz
Erntezeit:	Ende November/Anfang Dezember bis Februar
Methode der Ölgewinnung:	Nach modernen Verfahren kaltgepreßt
Anteil freier Fettsäuren:	0,4%

COLUMELA
EXTRA VIRGEN

Produzent:
Anfora Import-Export, S.L.
Santo Tomás de Aquino, 4
(Oficinas) 1° Izq.
14004 Cordoba

Die Oliven reifen in dem sanf-
ten Hügelgebiet im Tal des
Guadalquivir, im Herzen Anda-
lusiens, bei starker Sonnenhitze
und kalten Wintertagen. Neben
dem delikaten »Columela«
gibt es drei weitere vorzügliche
Öle, die jeweils nur aus einer
Olivensorte hergestellt werden:
Picual, Hojiblanca und
Arbequina.

Farbe des Olivenöls:	Gelblich-grün
Duft und Geschmack:	Duft von sommerlichen Kräutern, intensiver fruchtiger Olivengeschmack und milder bitterer Nachklang
Lage und Höhe der Olivenhaine:	Auf den Hügeln von Santallia, 200 bis 400 m ü.d.M.
Verwendete Olivensorten:	60% Picual, 40% Hojiblanca
Reifezustand bei der Ernte:	Wenn die grünen Oliven gerade beginnen, sich zu verfärben
Erntezeit:	Mitte November
Erntemethode:	Handgepflückt
Methode der Ölgewinnung:	Auf traditionelle Art von Mühlsteinen zerkleinert und kaltgepreßt
Anteil freier Fettsäuren:	0,2%

DINTEL
Frutado
Aceites Toledo, S.A.
Concepción, 40
45470 Los Yebenes (Toledo)

Die führende spanische Ölver-
marktungsgesellschaft bringt
unter dem Markennamen
»Dintel« ein hauseigenes »extra
virgen« aus den Früchten der
hochgelegenen Olivenhaine
ihrer Mitglieder auf den Markt.
Die fruchtig schmeckende
Cornicabra-Olive, die als ein-
zige verwendet wird, ergibt
ein Öl, das zum Kochen und
Salatmachen geeignet ist.

Farbe des Olivenöls:	Gelblich-grün
Duft und Geschmack:	Frischer, fruchtiger Duft, intensiver Olivengeschmack, angenehm zartbitterer Nachklang
Lage und Höhe der Olivenhaine:	500 bis 600 m ü.d.M.
Verwendete Olivensorten:	Cornicabra
Reifezustand bei der Ernte:	Schwarz
Erntezeit:	Januar bis Februar
Erntemethode:	Je nach Gelände verschieden
Methode der Ölgewinnung:	Nach modernen Verfahren kaltgepreßt
Anteil freier Fettsäuren:	0,2 bis 0,3%

L'ESTORNELL
Produzent: Veá, S.A.
Pl. Escoles, s/n.
25175 Sarroca de Lleida

*Die Olivenplantagen, seit Gene-
rationen im Besitz der Familie
Veá, liegen in der Nähe der
katalanischen Stadt Lleida. Hier
herrschen ideale klimatische
Bedingungen für die Olivensorte
Arbequina. Das abgebildete
elegante, milde Olivenöl aus
biologischem Anbau wird ausschließlich aus den Oliven auf
den Besitzungen der Familie
Veá gewonnen, ohne jede
chemische Behandlung, noch
eine Seltenheit in Spanien.*

Farbe des Olivenöls:	Grüngelb mit Goldschimmer
Duft und Geschmack:	Zarter Duft nach frischen, wilden Kräutern, voller, delikater, milder Geschmack, Nachklang von Nüssen
Lage und Höhe der Olivenhaine:	Mehr als 500 m ü.d.M.
Verwendete Olivensorten:	Arbequina
Reifezustand bei der Ernte:	Grün bis schwarz
Erntezeit:	15. November bis 15. Februar
Erntemethode:	Handgepflückt
Methode der Ölgewinnung:	Nach modernen Verfahren kaltgepreßt
Anteil freier Fettsäuren:	0,5 %

LES GARRIGUES
Produzent:
Consejo Regulador de la
Denominación de Origen
Les Garrigues
Pl. de la vila 33, 2°
25177 La Granadella (Lleida)

Die Kooperativen mit dem Güte-
siegel (D.O.) »Les Garrigues«
haben ihre »plantaciones« alle
in Katalonien, in der Umgebung
der Provinz Lleida. Früh geerntet
(frutado) *sind die Öle grünlich,*
mit körperreichem, frischem
Geschmack und einem leicht
bitteren Nachklang von Mandeln,
spät geerntet (dulce) *leuchtend-*
gelb, von milder, leichter Süße.

Farbe des Olivenöls:	Grünlich oder leuchtend gelb
Duft und Geschmack:	Duft nach frischen Früchten, etwas pikanter Geschmack. Nach einigen Monaten bekommt das Öl einen milderen Nachgeschmack
Lage und Höhe der Olivenhaine:	400 bis 550 m ü.d.M.
Verwendete Olivensorten:	90% Arbequina, 10% Verdiell
Reifezustand bei der Ernte:	Von gelb-grün über rötlich-violett bis zu schwarz-violett
Erntezeit:	November bis Februar
Erntemethode:	Je nach Lage handgepflückt oder mit Stangen herunter-gestreift
Methode der Ölgewinnung:	Nach modernen Verfahren kaltgepreßt
Anteil freier Fettsäuren:	0,5%

LÉRIDA
Frühe Ernte
Produzent: Veá, S.A.
Pl. Escoles, s/n.
25175 Sarroca de Lleida

*Das Olivenöl »Lérida« in der
kantigen Flasche mit dem Siegel-
lack-Verschluß, das von der
Familie Veá hergestellt wird, ist
eines der wenigen spanischen
Olivenöle, die auch in Deutschland bekannt sind. Besonders
gut finde ich das grünliche
»Lérida Frühe Ernte« – mit
seinem fruchtigen, leicht bitteren
Aroma sollte es vor allem roh
an Salate und Vorspeisen
gegeben werden.*

Farbe des Olivenöls:	Grünlich-gelb
Duft und Geschmack:	Feiner Duft nach grünen Oliven, frischer, fruchtiger Geschmack mit pikanter Note
Lage und Höhe der Olivenhaine:	Mehr als 500 m ü.d.M.
Verwendete Olivensorten:	Arbequina
Reifezustand bei der Ernte:	Grün bis schwarz
Erntezeit:	15. November bis 15. Februar
Erntemethode:	Handgepflückt
Methode der Ölgewinnung:	Nach modernen Verfahren kaltgepreßt
Anteil freier Fettsäuren:	0,3 %

MALLAFRÉ

Produzent:
H. Mallafré, S.L.
Avenida Montbrio, 21
43330 Riudoms

*Die Olivenplantagen des
Familienunternehmens Mallafré
liegen nördlich von Tarragona.
Aus der sorgfältig geernteten
Arbequina-Olive wird nach
modernsten Methoden
ein frisches, fruchtiges Öl
gewonnen.*

Farbe des Olivenöles:	Gelblich-grün
Duft und Geschmack:	Zarter Duft nach unreifen Früchten, ausgeprägter Olivengeschmack, leicht bitterer und doch milder Nachklang
Lage und Höhe der Olivenhaine:	Nördlich von Tarragona, 160 m ü.d.M.
Verwendete Olivensorten:	Arbequina
Reifezustand bei der Ernte:	Gelb bis dunkel-violett
Erntezeit:	Anfang November bis Mitte Januar
Erntemethode:	Handgepflückt
Methode der Ölgewinnung:	Auf traditionelle Art von Mühlsteinen zerkleinert und kaltgepreßt
Anteil freier Fettsäuren:	0,3%

NUÑEZ DE PRADO
Flor del aceite
Produzent:
Nuñez de Prado, C.B.
Avenida Cervantes, 15
14850 Baeña (Cordoba)

*Die Familie Nuñes de Prado
baut auf ihren Plantagen seit sieben
Generationen Oliven an. Sie
erntet und verarbeitet sie in der
eigenen Mühle zu Olivenöl,
das mit dem Gütesiegel
»Baeña« versehen ist.
Der Beiname »flor del
aceite« bedeutet, daß
das Öl nach einem be-
sonders schonenden Verfahren
gewonnen und dekantiert wird.*

Farbe des Olivenöls:	Goldgelb mit Grünreflexen
Duft und Geschmack:	Frischer Duft nach Zitronen, ausgeprägter Fruchtge- schmack mit pikantem, bitterem Nachklang
Lage und Höhe der Olivenhaine:	550 m ü.d.M.
Verwendete Olivensorten:	50% Picuda, 25% Picual, 25% Hojiblanca
Reifezustand bei der Ernte:	Purpurfarben
Erntezeit:	Ende November bis Ende Januar
Erntemethode:	Handgepflückt
Methode der Ölgewinnung:	Auf traditionelle Art von Mühlsteinen zerkleinert und kaltgepreßt
Anteil freier Fettsäuren:	0,2%

OLEASTRUM

Produzent:
Olis de Catalunya S. A.
Avenida St. Jordi, 17-19
dp. 116
43201 Reus

*Oleastrum ist eine Kooperative,
die ihr Olivenöl nach den
strengen Regeln der »Olis de
Catalunya S.A.« produziert.
Die hochgelegenen Olivenhaine
zwischen Tarragona und Lérida
sind alle mit Arbequina-Oliven
bepflanzt, die ein besonders
mildes Öl ergeben.*

Farbe des Olivenöls:	Goldgelb mit grünem Schimmer
Duft und Geschmack:	Feiner Duft nach Bananen, angenehm milder, voller Fruchtgeschmack
Lage und Höhe der Olivenhaine:	400 m ü.d.M.
Verwendete Olivensorten:	Arbequina
Reifezustand bei der Ernte:	Grün
Erntezeit:	November bis Dezember
Erntemethode:	Handgepflückt
Methode der Ölgewinnung:	Auf traditionelle Art von Mühlsteinen zerkleinert und kaltgepreßt
Anteil freier Fettsäuren:	0,22%

ORO MAGINA

Produzent:
Vigoni, Carretera
Ubeda-Iznalloz, km 43
23568 Belmes de la Moraleda
(Jaén)

*Die Olivenplantagen von Oro
Magina in den Ausläufern der
Sierra Magina (Jaén) reichen
bis zu der ungewöhnlichen
Höhe von über 1000 m —
das schützt die Oliven vor
Ungezieferbefall, macht die
Ernte aber schwieriger, weil alle
Oliven mit der Hand gepflückt
werden müssen. Die Picual-
Olive aus dem Bergland ergibt
ein fruchtiges, duftendes Öl.*

Farbe des Olivenöls:	Goldgelb
Duft und Geschmack:	Kräftig ausgeprägtes Oliven-aroma, leichter, angenehmer Bitterton
Lage und Höhe der Olivenhaine:	In den Ausläufern der Sierra Magina, 1000 m ü.d.M.
Verwendete Olivensorten:	Picual
Reifezustand bei der Ernte:	Schwarz
Erntezeit:	Januar bis Februar
Erntemethode:	Handgepflückt
Methode der Ölgewinnung:	Auf traditionelle Art von Mühlsteinen zerkleinert und kaltgepreßt
Anteil freier Fettsäuren:	0,4 bis 0,9%

SIURANA UNIÓ

Produzent:
Unió Agraria Cooperativa
Carretera Alcolea km 870,5
43206 Reus

Das Siurana-Olivenöl trägt
stolz den Namen seines
Herkunftsgebietes. Es besteht
zu 100 Prozent aus Arbequina-
Oliven, die in diesem Klima
ein besonders feines Aroma
entfalten.

Farbe des Olivenöls:	Grünlich mit goldfarbenen Reflexen
Duft und Geschmack:	Delikater, frischer Duft, angenehm voller, milder Fruchtgeschmack mit zarter Bitternote
Lage und Höhe der Olivenhaine:	200 bis 400 m ü.d.M.
Verwendete Olivensorten:	Arbequina
Reifezustand bei der Ernte:	Schwarz
Erntezeit:	November bis Januar
Erntemethode:	Handgepflückt
Methode der Ölgewinnung:	Auf traditionelle Art von Mühlsteinen zerkleinert und kaltgepreßt
Anteil freier Fettsauren:	0,5 %

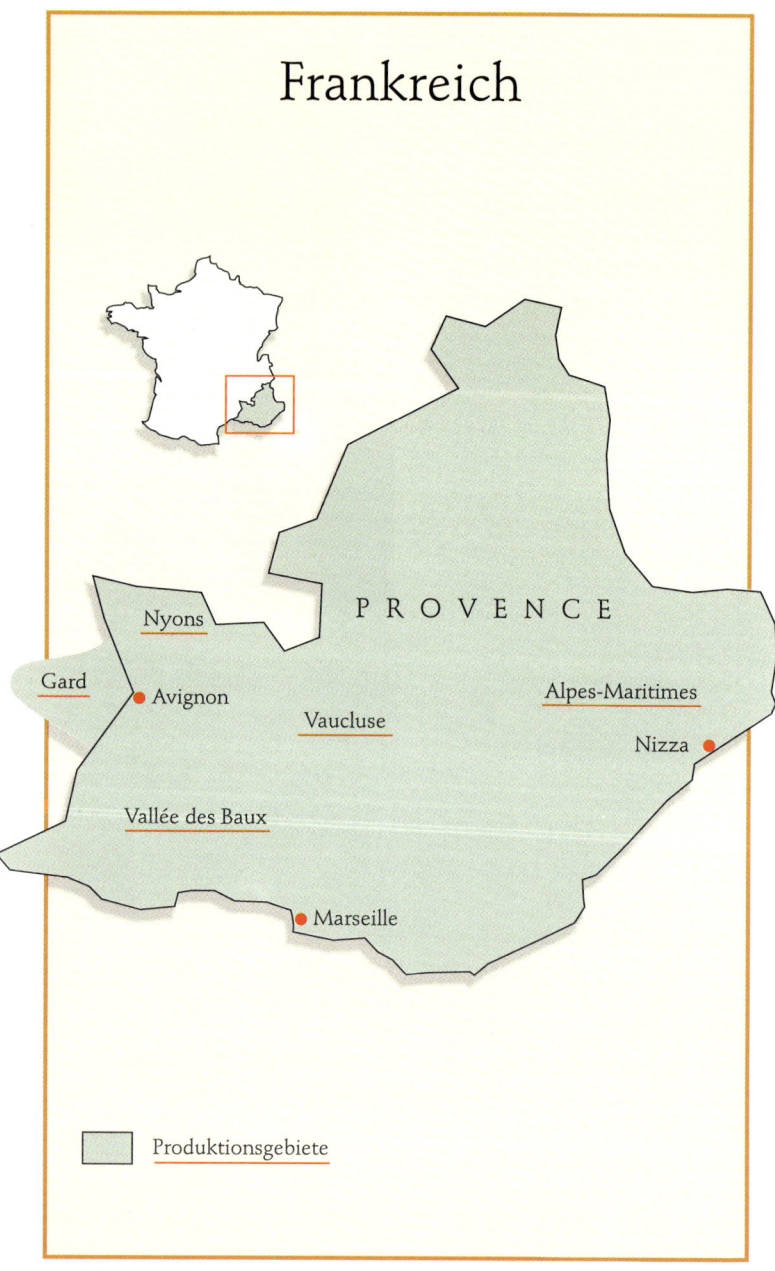

Frankreich

P R O V E N C E

Nyons

Gard ● Avignon

Vaucluse

Alpes-Maritimes

Nizza ●

Vallée des Baux

● Marseille

Produktionsgebiete

FRANKREICH

PROVENCE

Dort, wo man – aus dem Norden kommend – die ersten Olivenbäume erblickt, beginnt der Midi. Nirgendwo sonst in Frankreich findet der sonnenhungrige Ölbaum wie hier in der Provence das richtige Klima zum Wachsen und Früchtetragen. Wie in allen Mittelmeerländern reicht seine Kultivierung weit zurück bis zu den Griechen, Römern, Kelten, und auch hier sind die Methoden der Pflanzung und der Ölgewinnung über Jahrtausende die gleichen geblieben. In der Provence, in der noch so viele Mythen das Denken und die Bräuche bestimmen, hat der Olivenbaum einen ganz besonderen Stellenwert. Im Werk der provenzalischen Dichter – Mistral, Giono, Pagnol – haben die Menschen meist von Kindheit an eine enge Beziehung zu ihm, und er wird mit einer Sprachkraft geschildert, die einem erst die Augen öffnet für seine zeitlose Schönheit.

In der Provence sind es nicht Fürsten und Grafen, die in ihren Castelli das edle Öl verkaufen wie in der Toskana. Es sind vor allem Bauern, die wie ihre Vorfahren seit Jahrhunderten ihre Rebhänge und ihre Olivenwäldchen bewirtschaften, ihre Oliven zur Mühle bringen und mit ihrem Vierge Extra einen privaten Kundenkreis beliefern, der von den großen Köchen der Côte d' Azur bis zu den Pariser Feriengästen reicht. Aber auch die großen *oléiculteurs* setzen ihre Namen oft bescheiden hinter die schlichte Bezeichnung »Moulin de …«.

Viele der Olivenbauern, mit denen ich sprach, wissen gar nicht, wie alt ihre Bäume sind, die sich seit Jahrhunderten in Familienbesitz befinden. Mit großer Hingabe und Selbstverständlichkeit lassen sie ihnen alle erdenkliche Pflege, wie Düngung, Schneiden und Wässern, angedeihen. Um so größer war der Schock, als 1952 ein Jahrhundertfrost, *le grand gel,* den größten Teil des Ölbaumbestands vernichtete. Damals drohte der Olivenanbau in der Provence gänzlich zum Erliegen zu kommen. Die Landwirte haben regelrecht um ihre

Blick auf Vence, in den Alpes-Maritimes

toten Bäume geweint und fast nicht mehr den Mut gehabt,
Neupflanzungen vorzunehmen, die so lange brauchen, bis
sie wieder Früchte tragen. Als aber dann die Grundstücks-
spekulanten aus den großen Städten kamen, um gegen gutes
Geld die schön gelegenen Olivenhaine für Feriensiedlungen
zu erwerben, haben nur wenige ihr Land verkauft. Man ent-
schloß sich, entweder nachzupflanzen oder die Triebe, die
aus den Wurzeln der gefällten Bäume wuchsen, zu Oliven-
büschen heranzuziehen, die früher Früchte tragen und die
Ernte leichter machen.
Wenn man die überfüllten Küstenorte und Strände verläßt
und ins Landesinnere fährt, ist die Provence von großer Stille
und überwältigender landschaftlicher Schönheit, ganz abgesehen von den architektonischen Kostbarkeiten. Die schnee-
bedeckten Alpen im Hintergrund, die kalkweißen Felsenge-
birge der Alpilles, die Flußtäler und die rotbraunen Ebenen
erfreuen das Auge ebenso wie das wilde Macchia-Gestrüpp
aus blühenden Kräutern und Sträuchern. Der leuchtend gelbe
Bergginster und die kleinen runden Büsche der blauen Laven-

delfelder – alles strömt in der flimmernden Hitze einen so starken Duft aus, daß man selbst mit geschlossenen Augen weiß, man ist in der Provence, auch ohne das unentwegte Zirpen der Zikaden.

Dieser Duft nach Lavendel und wilden Kräutern, der das provenzalische Olivenöl von allen anderen unterscheidet, ist einer der Gründe dafür, warum ich es besonders liebe. Es ist ein sanftes Öl, das sich erstaunlich gut mit dem Knoblauch verträgt, der in der Küche des Midi fast obligatorisch ist. Durch die einfachen Kochmethoden bleibt der Eigengeschmack der Speisen erhalten, und das goldgelbe Olivenöl, mit dem sie zubereitet werden, gibt ihnen – von *Aïoli* über die safrangelbe Fischsuppe und die unentbehrlichen Klippfischspezialitäten bis zu den Gemüsegerichten, die in der berühmten *Ratatouille* gipfeln – jenen typisch provenzalischen *accent du soleil.* Mag die französische Cuisine auch weitgehend eine Butterküche sein, in der Provence und in Nizza ist Olivenöl ihre Grundlage.

Die nördlichste Anbauzone der provenzalischen Olivenkultur liegt im Umkreis von Nyons, etwa 50 Kilometer nordöstlich von Orange. Der Name Nyons ist das geschützte Gütezeichen der ansässigen kleineren und größeren Olivenölproduzenten – ob sie zu einer *coopérative* zusammengeschlossen oder Besitzer eines privaten »Moulin« sind. Sie alle halten sich streng an die Regeln, die für die Erzeugung eines *huile d'olive vierge extra* vorgeschrieben sind. In Nyons wird nur eine Olivensorte, die *Tanche*, angebaut, die auch als schwarze Tafelolive hochgeschätzt ist und als einzige französische Sorte mit dem D.O.C. ausgezeichnet wurde.

Das Zentrum des provenzalischen Olivenanbaus erreichen Sie, wenn Sie zum Beispiel von Arles aus Les Baux de Provence (ein »Muß« für den Provence-Liebhaber) besuchen – Ihr Weg führt Sie dann durch die beiden Städtchen Maussane-les-Alpilles und Mouriès. Das hier erzeugte Vierge Extra aus dem Vallée des Baux beherrscht den französischen Markt und ist auch bei uns in speziellen Feinkostgeschäften zu finden. Im Vallée des Baux sind es die Sorten *Salonenque, Picholine, Grossane, Berruguet* und *Verdale,* aus deren Öl der Produzent seine eigene Mischung zusammenstellt, die den Ruhm dieser so geschätzten Olivenöle ausmachen. Ich müßte einen ganzen Reiseführer schreiben, um die verschiedenen Anbaugebiete und ihre reizvollen Landschaften zu schildern. Im Rahmen dieses Guide kann ich sie nur nach der Reihenfolge ihrer Produktionsmengen aufzählen: Var, Bouche-du-Rhône, Alpes-Maritimes mit Nizza, Gard, Alpes de Haute Provence, Vaucluse, Drôme, Hérault, Ardèche, Aude, Korsika, Pyrénées Orientales.

Die Tatsache, daß ich Ihnen in diesem Buch trotz des geringen Anteils von Frankreich an den erzeugten Olivenölen in der Europäischen Union (5 Prozent) so viele provenzalische Öle vorstelle, beweist, wie sehr ich sie schätze.

NICOLAS ALZIARI

Produzent:
Nicolas Alziari
Huilerie de la Madeleine
318, Bld. de la Madeleine
04250 Nice

Das schönste Olivengeschäft, das ich kenne, liegt in der Altstadt von Nizza. Nicolas Alziari, der Besitzer der »Huilerie de la Madeleine«, verkauft sein köstliches blumiges Olivenöl literweise aus großen Fässern. Die kleinen eingelegten schwarzen Nizza-Oliven sind aber genauso beliebt.

Farbe des Olivenöls:	Goldgelb mit grünen Reflexen
Duft und Geschmack:	Intensiver Duft nach wild-wachsenden Kräutern, ansprechend harmonischer, milder Geschmack, Nach-klang von Nüssen
Lage und Höhe der Olivenhaine:	Von Meereshöhe bis etwa 650 m ü.d.M.
Verwendete Olivensorten:	Cailletier
Reifezustand bei der Ernte:	Schwarz-violett
Erntezeit:	Dezember bis März
Methode der Ölgewinnung:	Auf traditionelle Art von Mühlsteinen zerkleinert und kaltgepreßt
Anteil freier Fettsäuren:	0,3 bis 0,5%

171

LA BALMÉENNE
Produzent:
Coopérative Oléicole
»La Balméenne«
Avenue Jules Ferry
84190 Beaumes de Venise

*In der Region Vaucluse findet
man noch viele Ölmühlen, die
kaum außerhalb von Frankreich
verkaufen. Die Kooperative
»La Balméenne«, deren 600
Mitglieder ausschließlich die
Olive »Verdale de Carpentras«
anbauen und sie mit modernsten
Methoden zu einem besonders
fruchtigen, aromatischen Öl
verarbeiten, exportiert dagegen
in viele Länder.*

Farbe des Olivenöls:	Goldgelb mit grünen Reflexen
Duft und Geschmack:	Frisches Bouquet von grünen Früchten mit ganz leichtem Harzduft, runder, voller Geschmack, bemerkenswert mild
Lage und Höhe der Olivenhaine:	200 bis 300 m ü.d.M.
Verwendete Olivensorten:	Verdale de Carpentras
Reifezustand bei der Ernte:	Wenn die grünen Oliven zu 90% schwarz geworden sind
Erntezeit:	Mitte November bis Anfang Januar
Methode der Ölgewinnung:	Nach modernen Verfahren kaltgepreßt
Anteil freier Fettsäuren:	0 bis 1%

MOULINS DE LA BRAGUE

Produzent:
Moulins de la Brague
Huilerie Opio, Roger Michel
2, Route de Châteauneuf
06650 Opio

*Seit sechs Generationen sind
Roger Michels Moulins de la
Brague schon im Familienbesitz.
Sie liegen in Opio, nicht weit
von Grasse, in den Alpes-
Maritimes. In diesem milden
Klima gedeiht die kleine
Cailletier-Olive von Nizza
besonders gut. Sie ergibt ein
sanftes, fast liebliches Olivenöl,
das man einmal nur auf frisches
Brot geträufelt genießen sollte.*

Farbe des Olivenöls:	Goldgelb
Duft und Geschmack:	Frischer Duft nach wilden Kräutern und Gräsern, feiner Olivengeschmack, angenehm mild
Lage und Höhe der Olivenhaine:	Von Meereshöhe bis 400 m ü.d.M.
Verwendete Olivensorten:	Cailletier
Reifezustand bei der Ernte:	Rötlich-schwarz
Erntezeit:	November bis März
Methode der Ölgewinnung:	Auf traditionelle Art von Mühlsteinen zerkleinert und kaltgepreßt
Anteil freier Fettsäuren:	0,5 bis 0,7 %

MOULIN
JEAN-MARIE CORNILLE

Produzent:
Moulin Jean-Marie Cornille
Coopérative Oléicole
de la Vallée des Baux
Rue Charloun Rieu
13520 Maussane-les-Alpilles

*Die Coopérative Oléicole de la
Vallée des Baux verarbeitet
ausschließlich die Oliven der
Mitglieder, deren Olivenhaine
alle in diesem Gebiet liegen. Das
Olivenöl des Vallée des Baux
genießt in Frankreich einen be-
sonders guten Ruf wegen seines
Duftes nach provenzalischen
Kräutern und seiner Milde.*

Farbe des Olivenöls:	Grün mit Goldton
Duft und Geschmack:	Kraftvoller Olivenduft, delikater, sehr intensiver Fruchtgeschmack
Lage und Höhe der Olivenhaine:	120 m ü.d.M.
Verwendete Olivensorten:	60% Salonenque, 40% andere: Grossane, Aglandau, Verdale, Picholine
Reifezustand bei der Ernte:	Wenn die grünen Oliven violett werden
Erntezeit:	November bis Januar
Erntemethode:	Handgepflückt oder abgestreift
Methode der Ölgewinnung:	Auf traditionelle Art von Mühlsteinen zerkleinert und kaltgepreßt
Anteil freier Fettsäuren:	0,3 bis 0,6%

HUILE D'OLIVE DE NYONS
Nyonsolive
Produzent:
Société Coopérative Agricole
du Nyonsais
Place Olivier de Serres B.P. 9
26111 Nyons

*Die Gegend um Nyons mit
ihrem Mikroklima ist ein
hervorragendes Olivenanbaugebiet. Die Coopérative Agricole
du Nyonsais, die seit 70 Jahren
besteht, hat sich mit ihrem
Produkt »Nyonsolive« einen
beliebten Markenartikel
geschaffen, für dessen gleichbleibende Qualität garantiert
wird.*

Farbe des Olivenöls:	Goldgelb mit Grünton
Duft und Geschmack:	Angenehmer, feiner Duft, voller, milder, delikater Geschmack, leicht fruchtig
Lage und Höhe der Olivenhaine:	270 m ü.d.M.
Verwendete Olivensorten:	Tanche
Reifezustand bei der Ernte:	Wenn die Oliven schwarz sind und Rillen vom Frost aufweisen
Erntezeit:	Dezember bis Januar
Methode der Ölgewinnung:	Nach modernen Verfahren kaltgepreßt
Anteil freier Fettsäuren:	0,5%

Huile d'olive de Provence
CHRISTIAN ROSSI

Produzent:
Moulin à Huile
Christian Rossi
Cours Paul-Revoil
13890 Mouriès

*Der dynamische Christian Rossi
verarbeitet in seinem modernen
Betrieb ausschließlich Oliven
aus dem Vallée des Baux. Er
hatte den Einfall, es mit weiteren
Mühlenbesitzern aus dieser
Region den Weinbauern aus
dem Beaujolais gleichzutun und
jedes Jahr vor Weihnachten ein
»huile d'olive primeur« auf den
Markt zu bringen.*

Farbe des Olivenöls:	Hellgrün
Duft und Geschmack:	Intensiver Duft nach Oliven, vollmundig, kräftiger Fruchtgeschmack
Lage und Höhe der Olivenhaine:	Meereshöhe
Verwendete Olivensorten:	60% Salonenque, 20% Grossane, 20% Verdale
Reifezustand bei der Ernte:	Schwarz
Erntezeit:	November bis Mitte Januar
Erntemethode:	Handgepflückt
Methode der Ölgewinnung:	Nach modernen Verfahren kaltgepreßt
Anteil freier Fettsäuren:	0 bis 1%

SOULAS
Produzent:
Huilerie Artisanale d'olives
ETS Soulas
Rue de la Masade
30190 Collorgues

*Die kleine Ortschaft Collorgues
in der Region Gard ist schon seit
alten Zeiten für ihr gutes Olivenöl bekannt. 1932 baute die
Familie Soulas eine alte Ölmühle
aus, später kam eine neue hinzu,
und schließlich haben die Söhne
mit modernsten Methoden die
Moulin Soulas vergrößert, ohne
dabei die Tradition zu vernach-
lässigen, die man heute als bio-
logische Anbauweise bezeichnet.*

Farbe des Olivenöls:	Olivgrün mit goldgelbem Schimmer
Duft und Geschmack:	Intensiver Olivenduft, kräftiger Fruchtgeschmack, würzig-leichte Bitternote
Lage und Höhe der Olivenhaine:	250 bis 300 m ü.d.M.
Verwendete Olivensorten:	Picholine, Ascolana, Verdale, Rougette, Noirette, Vermillale, Cul Blanc
Reifezustand bei der Ernte:	Wenn die grünen Oliven zu zwei Dritteln schwarz geworden sind
Erntezeit:	10. Dezember bis 15. Februar
Erntemethode:	Handgepflückt
Methode der Ölgewinnung:	Modernes Zentrifugalsystem; kaltgepreßt
Anteil freier Fettsäuren:	0,4%

VAL DORÉ

Produzent:
S.I.C.A. Oléicole de la Vallée
des Baux »La Cravenco«
Route d' Eyguières
13280 Raphèle-les-Arles

Die Mühlenbetriebe der Koope-
rative »La Cravenco« liegen am
Ufer des Flusses Crau, auf der
Straße nach Raphèle-les-Arles.
Ihr »huile d'olive vierge extra«
aus verschiedenen Olivensorten
des Vallée des Baux hat für
seine Güte erst kürzlich eine
Goldmedaille bekommen.

Farbe des Olivenöls:	Dunkles Goldgelb mit Grünton
Duft und Geschmack:	Angenehmer Duft nach frischem Heu, harmonisch, fruchtig, Nachklang von Artischocken
Lage und Höhe der Olivenhaine:	100 bis 200 m ü.d.M.
Verwendete Olivensorten:	30% Agladan, 30% Picholine, 20% Salonenque, 20% andere
Reifezustand bei der Ernte:	Wenn die grünen Oliven schwarz werden
Erntezeit:	Anfang November bis Mitte Januar
Methode der Ölgewinnung:	Nach modernen Verfahren kaltgepreßt
Anteil freier Fettsäuren:	0 bis 1%

GRIECHENLAND

Die eigentliche Heimat der Olivenkultur in Europa ist Griechenland, genauer gesagt die Insel Kreta. Heute noch stehen hier ehrwürdige, uralte Olivenbäume (manche sollen über 2000 Jahre alt sein) wie lebendige Zeugen der Antike neben den steinernen Relikten der Tempel und Kultstätten. Zahllose riesige Tonkrüge, Amphoren und verschiedenartige Pressen überall auf der Insel, aber auch Inschriften bezeugen, daß Olivenanbau und Ölhandel in minoischer Zeit eine sehr große Rolle spielten und daß von hier aus fast die gesamte mediterrane Welt mit Öl versorgt wurde. Erst später trat der Olivenbaum wegen seiner erstaunlichen Lebenskraft und der Genügsamkeit, mit der er selbst auf kärglichstem Boden gedeiht und Früchte hervorbringt, seinen Siegeszug auch auf dem griechischen Festland und im übrigen europäischen Mittelmeerraum an. Er wurde zum mystisch verehrten und wirtschaftlich wertvollsten Baum des Altertums. Seine Früchte lieferten Nahrung, sein Öl wurde in der Medizin und in der Schönheitspflege, als Lichtspender und natürlich in der Küche verwendet, besonders aber auch als Salböl für kultische Zwecke – und der Ölzweig bekränzte die Sieger von Olympia.

Obwohl die Insel des Königs Minos im Laufe der Geschichte von Dorern, Römern, Byzantinern, Venezianern und Türken besetzt wurde, blieb Öl aus Kreta über die Zeiten hinweg ein Qualitätsbegriff – nicht wenige Kenner behaupten noch heute, es sei das beste Griechenlands. Wichtige Olivensorten sind vor allem *Koronëiki* und *Mastoidhis*.

Abgesehen vom äußersten Norden, von den hohen Gebirgen und einigen besonders kahlen Inseln wird das griechische Landschaftsbild vom Olivenbaum geprägt. Oliven sind ein unverzichtbarer Bestandteil der Nahrung: Lebensmittelgeschäfte und Märkte bieten Sorten in allen nur möglichen Größen, Farben und Geschmacksrichtungen an, von den kleinen, schwarzen, verschrumpelten, die wunderbar mild

Griechenland

Thrakien

Makedonien

<u>Kavála</u> ●

<u>Polýghiros</u> ●

Korfu

<u>Korfu</u>

Epirus

Thessalien

<u>Almyrós</u> ●

Lesbos

<u>Lesbos</u>

Mittel-
Griechenland

<u>Àmphissa</u> ● ● <u>Delphi</u>

<u>Patras</u> ●

Peloponnes

● <u>Kalamáta</u>

<u>Mani</u>

<u>Kreta</u>

<u>Produktionsgebiete</u>

schmecken, bis zu den großen, glatten, rötlich-braunen aus Kalamata, die säuerlich-pikant eingelegt sind. Oft besteht schon das Frühstück aus Oliven, Käse und Brot. In Griechenland haben die Menschen ein besonderes Verhältnis zum Olivenbaum, eine Art liebevoller Verehrung, vor allem auf dem Land. Und Bauern, die sich in seinem Schatten ausruhen, oder Hirten, die ihre Schafe in alten Olivenhainen weiden lassen, das sind allgegenwärtige, friedliche, fast biblisch anmutende Bilder, die jeder Griechenlandreisende kennt.

Ich will hier einige Schwerpunkte des Olivenanbaus aufzählen: Da ist zunächst der Peloponnes, dessen Süden in drei spitzen Landzungen ausläuft. Am berühmtesten für ihre großen, fleischigen Eßoliven und ihr Öl ist die Gegend von Kalamata. Auch die Gebiete um Sparta auf der Lakonischen Ebene und auf den sanften Ausläufern des Taigetos-Gebirges sind reich an Olivenhainen und guten Ölen. Auf der mittleren der drei Landzungen, der Halbinsel Mani, deren stille, archaische Landschaft noch weitgehend unzerstört ist durch Auto- und Industrieabgase, werden ebenfalls ausgezeichnete Öle erzeugt, die allerdings bisher außerhalb Griechenlands kaum zu erhalten waren. Ein Deutscher und ein österreichisches Ehepaar haben auf der Mani eigene Betriebe aufgebaut und sich mit den Bauern umliegender Dörfer zusammengetan, um nach den Richtlinien des biologischen Anbaus noch bessere Extra-virgin-Olivenöle herzustellen und sie auf den europäischen Markt zu bringen. Auch hier sind es die kleinen *Koronëiki*-Oliven, die dem Öl einen angenehm fruchtigen, mild-würzigen Geschmack mit leicht bitterem Nachklang geben.

Unvergeßlich für Griechenlandreisende sind die Olivenhaine bei Delphi: Zu Füßen des hochgelegenen Heiligtums breitet sich ein endloses, silbergrünes Meer von Olivenbäumen aus, das sich bis zum Golf von Korinth erstreckt. In diesem Pleistos-Tal werden die Ölmühlen von der Wasserkraft des gleichnamigen Flusses angetrieben.

Auf fast allen griechischen Inseln wachsen Olivenbäume, ob auf dem lieblichen Korfu im Westen mit seinem herrlichen alten Baumbestand oder auf Lesbos im Osten, dessen sanftes, zartfruchtiges Öl es auch bei uns zu kaufen gibt.

181

Es ist wirklich bedauerlich, daß die ausgezeichneten griechischen Olivenöle auf dem deutschen Markt so unterre-
präsentiert sind. Immerhin ist Griechenland der drittgrößte
Olivenölproduzent der Welt. Zwar ist der Eigenbedarf im
Land groß – der Pro-Kopf-Verbrauch liegt bei 20 Litern –, aber
das macht nur einen geringen Teil der produzierten Menge
aus. Griechisches Olivenöl wird vor allem exportiert: Allein

Pylos und die Bucht von Navarino, Peloponnes

60 000 Tonnen werden jährlich nach Italien verkauft. Wenn
sich in Zukunft mehr Kleinbauern zu Kooperativen zusam-
menschließen, sich um ökologischen Landbau bemühen und
ihre Öle unter eigenen Markennamen auf den Markt bringen,
wird der Verbraucher bald herausfinden, wie köstlich Olivenöle aus Griechenland sind – und wie akzeptabel die Preise.
Wie gut die Küche ist, zeigt die Beliebtheit der griechischen
Tavernen und Restaurants in Deutschland, wo *Dolmadhakia*
und *Garidhes, Ochtapodhi, Melitzanes* und viele andere Köst-
lichkeiten mit reichlich griechischem Öl zubereitet und oft
mit den herrlichen griechischen Oliven garniert werden.

ELAIA

Produzent:
Union Stefanakis Region Peza
Pitsoulaki 73
71305 Heraklion

*Die »Union Region Peza« hat
ihre Anbaugebiete mitten im
Herzen Kretas im Peza-Gebiet,
das auch für seine Weine
bekannt ist. Viele Liebhaber
griechischer Olivenöle sind
ohnehin der Meinung, daß
die besten aus Kreta stammen.*

Farbe des Olivenöles:	Grün
Duft und Geschmack:	Frischer Duft nach Gurken, sanft-fruchtig, mild
Lage und Höhe der Olivenhaine:	100 bis 1000 m ü.d.M.
Verwendete Olivensorten:	95% Lianolia, 5% Chondrolia
Reifezustand bei der Ernte:	Schwarz
Erntezeit:	November bis Januar
Erntemethode:	Mit Stangen von den Bäumen gestreift auf ausgebreitete Netze
Methode der Ölgewinnung:	Nach modernen Verfahren kaltgepreßt
Anteil freier Fettsäuren:	0,3 bis 0,6%

DER GRIECHISCHE GARTEN

Produzent:
Bruni und Friedrich Bläuel
24040 Pyrgos-Leftktron
(Messinia)

»Der griechische Garten« hat Friedrich Bläuel sein Olivenöl aus der Mani, der Peloponneshalbinsel südöstlich von Kalamata, getauft, das er aus ausgesuchten Olivenölen abfüllt, die er bei den Bauern seiner unmittelbaren Nachbarschaft aufkauft. So hat er einen Markenartikel geschaffen, der schon so manche Auszeichnung erhalten hat.

Farbe des Olivenöls:	Grün
Duft und Geschmack:	Feiner Duft, milder, harmonischer Olivengeschmack mit frischem Zitronenaroma
Lage und Höhe der Olivenhaine:	100 bis 200 m ü.d.M.
Verwendete Olivensorten:	Koronëiki
Reifezustand bei der Ernte:	Grün bis bläulich
Erntezeit:	Mitte November bis Mitte Januar
Erntemethode:	Handgepflückt
Methode der Ölgewinnung:	Auf traditionelle Art von Mühlsteinen zerkleinert und kaltgepreßt
Anteil freier Fettsäuren:	0,25 bis 0,7%

MOREA

Produzent:
Heinz Neth
Thalame
24023 Pigi/Platsa (Messinia)

*Der Schwabe Heinz Neth hat
sich vor Jahren eine alte Steinmühle im Dorf Thalame in der
Mani gekauft und mahlt dort
neben den eigenen Oliven auch
die der umliegenden Dörfer zu
einem reinen, unverfälschten
Öl, das er ungefiltert in die
Flaschen füllt, damit nichts von
dem reinen Olivengeschmack
verlorengeht.*

Farbe des Olivenöls:	Grün-gold
Duft und Geschmack:	Frischer Duft, kräftiger und doch milder Oliven-geschmack, angenehm würziges Aroma mit leicht kratzigem Nachgeschmack
Lage und Höhe der Olivenhaine:	250 m ü.d.M.
Verwendete Olivensorten:	Koronëiki
Reifezustand bei der Ernte:	Grün bis bläulich
Erntezeit:	November bis Februar
Erntemethode:	Handgepflückt
Methode der Ölgewinnung:	Auf traditionelle Art von Mühlsteinen zerkleinert und kaltgepreßt
Anteil freier Fettsäuren:	0 bis 1%

MANI

Produzent:
Bruni und Friedrich Bläuel
24040 Pyrgos-Leftktron
(Messinia)

*Die Österreicher Bruni und
Friedrich Bläuel sind zugleich
äußerst engagierte Olivenölproduzenten und Ölkaufleute.
Es ist ihnen gelungen, in ihrem
kleinen Betrieb im Südwesten
des Peloponnes ein vorzügliches
Olivenöl aus kontrolliert biologischem Anbau zu produzieren –
in Griechenland vorläufig
noch eine Seltenheit.*

Farbe des Olivenöls:	Kurz nach der Ernte hellgrün, später gelbgrün
Duft und Geschmack:	Zarter Duft, harmonischer, fruchtiger Geschmack, leichtes Zitronenaroma
Lage und Höhe der Olivenhaine:	50 bis 150 m ü.d.M.
Verwendete Olivensorten:	Koronëiki
Reifezustand bei der Ernte:	Grünrot bis bläulich-rot
Erntezeit:	Mitte November bis Anfang Januar
Erntemethode:	Handgepflückt
Methode der Ölgewinnung:	Auf traditionelle Art von Mühlsteinen zerkleinert und kaltgepreßt
Anteil freier Fettsäuren:	0,5 %

THEOFILOS

Produzent:
Union of Agricultural
Cooperatives of Lesbos
Alkeou 21
81100 Mitilini (Lesbos)

*Die Olivenanbaugebiete der
1931 gegründeten Kooperative
liegen inmitten einer lieblichen
Landschaft auf der Insel Lesbos,
unweit der türkischen Grenze.
Das Olivenöl von Lesbos war
schon in der Antike beliebt
wegen seines milden, nach
Kräutern duftenden Aromas,
und es ist auch auf dem
deutschen Markt in Spezial-
geschäften zu finden.*

Farbe des Olivenöles:	Goldgelb
Duft und Geschmack:	Zartes Aroma von wilden Kräutern, mild fruchtig mit Nachklang von Mandeln
Lage und Höhe der Olivenhaine:	Von Meereshöhe bis 300 m ü.d.M.
Verwendete Olivensorten:	85% Koloves, 15% Adramitianes
Reifezustand bei der Ernte:	Gelblich bis Schwarz
Erntezeit:	Ende November bis Ende März
Erntemethode:	Je nach Gelände hand-gepflückt oder mit Stangen von den Bäumen gestreift auf ausgebreitete Netze
Methode der Ölgewinnung:	Modernes Zentrifugalsystem; kaltgepreßt
Anteil freier Fettsäuren:	0,1 bis 1%

Portugal

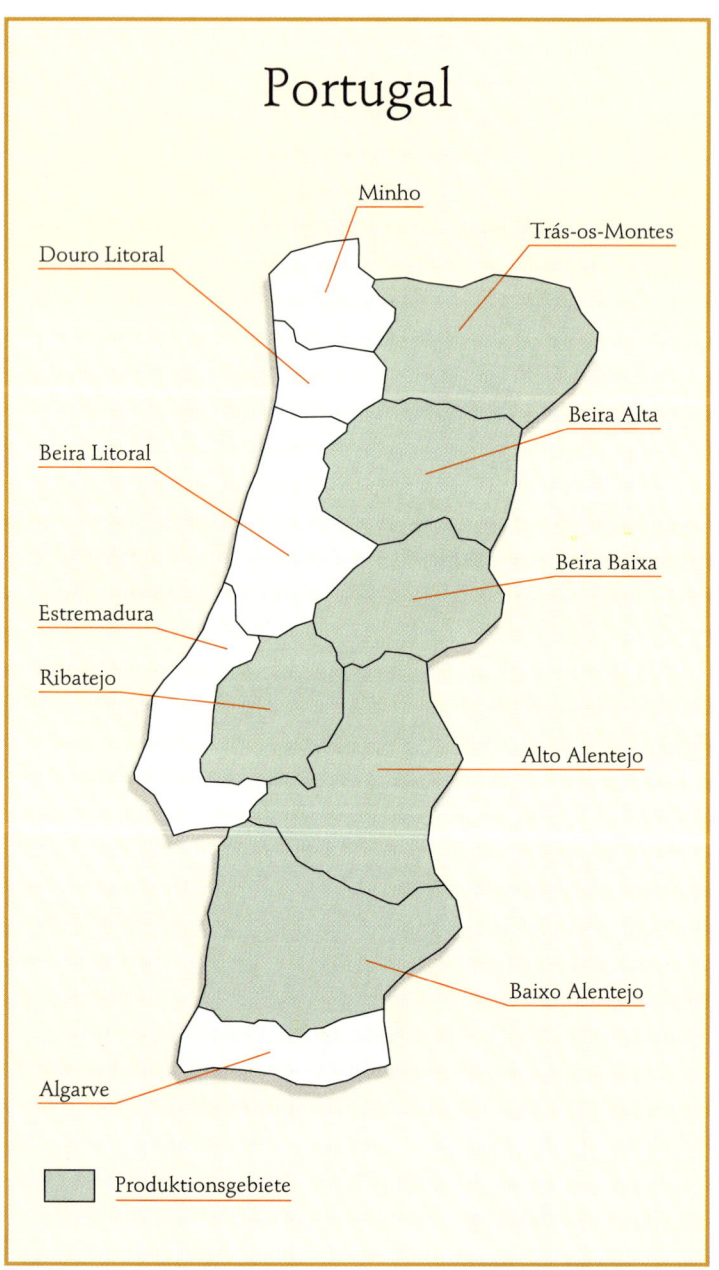

Minho

Trás-os-Montes

Douro Litoral

Beira Alta

Beira Litoral

Beira Baixa

Estremadura

Ribatejo

Alto Alentejo

Baixo Alentejo

Algarve

Produktionsgebiete

PORTUGAL

Zwar sind Spanien und Portugal auf der Iberischen Halbinsel nachbarlich vereint, aber jedes der beiden Länder ist eine Welt für sich. Das gilt für die Landschaft wie für die Sprache, für Geschichte, Kultur und Brauchtum, für die Lebensgewohnheiten und auch für die Küche.

Vermutlich fanden die Römer bereits Olivenkulturen vor, als sie in die Gegend kamen, und damals schon entstand ein lebhafter Handel mit portugiesischem Öl. Die frühesten Spuren römischer Ölmühlen wurden übrigens in Estremadura und im Alentejo-Gebiet entdeckt. Die Araber, die später vor allem im Süden die Baukunst prägten und den Portugiesen unter anderem die so typischen bemalten Fliesen *(azulejos)* hinterließen, verfeinerten den Olivenanbau durch Neuzüchtungen und Bewässerungssysteme – der Handel mit edlem Öl nahm einen neuen Aufschwung. Nach der Befreiung von den Mauren entdeckte Vasco da Gama im Auftrag seines Königs Manuel Ende des 15. Jahrhunderts den Seeweg nach Indien und leitete damit die Blütezeit Portugals als Kolonialstaat ein. Portugiesisches Olivenöl wurde nun bis nach Asien und Afrika verschifft.

Die Tradition des Olivenanbaus ist durch die Jahrhunderte hindurch in glanzvollen wie in kargen Zeiten immer lebendig geblieben. Auf dem oft trockenen Boden finden die bescheidenen Olivenbäume auch in der großen Hitze, die das Land zum Teil für Monate ausdörrt, ihren Lebensraum. In Portugal, das noch immer vorwiegend von der Landwirtschaft lebt, sind die Olivenanpflanzungen oft in eine Mischkultur eingebunden – im Wechsel mit Getreide- und Gemüsefeldern, Weinbergen und Mandelbäumen. Stellenweise prägen Eukalyptusbäume und Korkeichen, deren Rinde eine bedeutende Devisenquelle darstellt, das Landschaftbild.

Auf den Etiketten der portugiesischen *azeites extra virgem* muß jeweils die gesetzlich festgelegte Herkunftsbezeichnung,

Denominação de Origem, vermerkt sein. Diese Herkunftsbezeichnungen entsprechen den Namen der Provinzen, aus denen die Öle stammen, und sie werden nur denjenigen Produzenten verliehen, deren Olivenöle den strengen Anforderungen in Bezug auf Olivensorten, Erntebedingungen, Transport zur Ölpresse, Verarbeitung und Qualität des Endprodukts genügen.

Die Provinz Trás-os-Montes im äußersten Nordosten Portugals ist eine rauhe Landschaft, die von hohen Bergketten und tiefen bewaldeten Tälern durchzogen ist. Doch auf den terrassierten Hängen des Douro-Flusses, der im Süden die Grenze bildet, gedeihen die edelsten portugiesischen Weine, und das dort gewonnene Extra virgem, das als Herkunftsbezeichnung den Namen *Azeite de Trás-os-Montes* trägt, wird wegen seiner Milde und zarten Fruchtigkeit von Kennern hoch geschätzt.

In den hügeligen Provinzen Beira Alta und Beira Baixa im Osten, die zum größten Teil landwirtschaftlich genutzt werden, spielt der Olivenanbau ebenfalls eine Rolle. Die Olivenöle aus dieser Gegend (mit der Herkunftsbezeichnung *Azeite da Beira Alta* und *Azeite da Beira Baixa*) sind von grünlichgelber Farbe und ausgeprägtem Fruchtgeschmack mit zartem Mandel-Nachklang.

Die etwas südwestlicher gelegene Provinz Ribatejo im Innern des Landes mit der schönen Hauptstadt Santarém wird vom Fluß Tejo durchquert, auf dem jahrhundertelang die für Afrika und Indien bestimmten Olivenöle nach Lissabon verschifft wurden. Hier fällt die Olivenernte nicht sehr reichlich aus, aber die leichten, goldgelben, fruchtigen Öle mit der Herkunftsbezeichnung Ribatejo werden als besonders hochwertig geschätzt.

Bis auf den südlichsten Küstenstreifen, die Algarve, nehmen die Provinzen Alto Alentejo und Baixo Alentejo den größten Teil des Südens ein. In diesem Land ist der maurische Einfluß nicht nur in der Architektur, sondern auch im Menschentypus noch deutlich sichtbar. Die fruchtbaren Gebiete mit ihren endlosen Getreidefeldern, Weinstöcken, Korkeichen und altem Olivenbaumbestand gehören noch immer den Großgrundbesitzern, die auf ihren Quintas residieren und für die

die Landbevölkerung arbeitet. Es ist eine arme Gegend, auf die die Sonne unbarmherzig niederbrennt. Von hier stammen die goldgelben, sehr aromatischen Öle mit der Alentejo-Herkunftsbezeichnung. Im Umkreis der Stadt Moura mit ihren pittoresken Maurenvierteln wird ein ganz vorzügliches Olivenöl hergestellt, das sich nach dem traditionellen kleinen Produktionsgebiet *Azeite de Moura* nennen darf und seit jeher für seine gleichbleibende Güte bekannt ist – »So fein wie Öl aus Moura« ist ein geflügeltes Wort.

Ebenso wie die spanische ist auch die portugiesische Küche eine reine Ölküche. Die vielen Gerichte aus frischem Fisch werden mit reichlich Olivenöl zubereitet, ebenso wie der geliebte *bacalhau*, der Stockfisch, für den es ungefähr fünfzig verschiedene Rezepte gibt. Das ist nicht zuletzt auf die Geschichte dieses Seefahrer-Volkes zurückzuführen: Der gesalzene und getrocknete Fisch blieb auch auf langen Schiffsreisen haltbar.

191

QUINTA DA ROMANEIRA

Produzent:
Sociedade Agricola
da Romaneira
Maria Antonia Vinagre
Soares da Costa
Cotas

*Die Quinta da Romaneira liegt
im schönen Douro-Tal, aus dem
auch besonders gute Portweine
kommen. Die Familie da Costa
pflegt ihre Olivenhaine mit der
gleichen Sorgfalt wie ihre
Weinberge – ihr Olivenöl
gehört zu den besten Portugals.*

Farbe des Olivenöls:	Goldfarben mit grünen Reflexen
Duft und Geschmack:	Zarter Duft nach Ginster und wildem Rosmarin, kräftiger vollmundiger Fruchtgeschmack
Lage und Höhe der Olivenhaine:	200 bis 600 m ü.d.M.
Verwendete Olivensorten:	Negrinha de Freixo
Reifezustand bei der Ernte:	Schwarz
Erntezeit:	Dezember bis Januar
Erntemethode:	Handgepflückt
Methode der Ölgewinnung:	Auf traditionelle Art von Mühlsteinen zerkleinert und kaltgepreßt
Anteil freier Fettsäuren:	0,2 bis 0,7%

MIRANDELA

Produzent:
Cooperativa A. de Macedo
Cavaleiros Alfândega da Fé
Moncorvo e Solinor
Av. 25 de Abril
273 Bloco B – G
5370 Mirandela

*Das Mirandela-Öl entdeckte
ich auf unserem Wochenmarkt
in München. Der Geschmack
der drei Öle mit einem Fettsäure-
anteil von 0,3, 0,5 und 0,7%
war vorzüglich, der Preis moderat.
Der junge Importeur will das
Mirandela-Olivenöl demnächst
auch über den Fachhandel
vertreiben.*

Farbe des Olivenöls:	Goldgelb bis Grüngelb
Duft und Geschmack:	Schwacher Duft nach wilden Kräutern, ausgeprägter Fruchtgeschmack, leichte Bitternote
Lage und Höhe der Olivenhaine:	500 m ü.d.M.
Verwendete Olivensorten:	Cordovil, Verdeal, Madural
Reifezustand bei der Ernte:	Schwarz
Erntezeit:	Dezember bis Januar
Methode der Olgewinnung:	Auf traditionelle Art von Mühlsteinen zerkleinert und kaltgepreßt
Anteil freier Fettsäuren:	0 bis 1%

MOURA

Produzent:
Cooperativa Agricola
de Moura e Barrancos
Rua das Forsas Armadas 9
7860 Moura

Die Kooperative »Moura e Bar-
rancos« liegt mitten in Portugal
im Bezirk Alentejo, der für seine
riesigen, zum Teil uralten Oliven-
baumbestände bekannt ist. Mit
modernsten Methoden sorgen die
Mitglieder der Kooperative dafür,
daß die Früchte nach der Ernte
sogleich verarbeitet und anschlie-
ßend an Ort und Stelle in
Flaschen gefüllt werden.

Farbe des Olivenöles:	Goldgelb mit Grünton
Duft und Geschmack:	Angenehmer Duft, kräftiger Olivengeschmack mit leichtem Bittermandel-Nachklang
Lage und Höhe der Olivenhaine:	100 bis 300 m ü.d.M.
Verwendete Olivensorten:	60% Cordovil, 25% Galega, 15% Verdeal
Reifezustand bei der Ernte:	Wenn mehr als 50% des Fruchtfleisches schwarz sind, beziehungsweise ganz schwarz
Erntezeit:	November bis März
Methode der Ölgewinnung:	Nach modernen Verfahren kaltgepreßt
Anteil freier Fettsauren:	0,7%

ROMEU

Produzent:
Sociedade Clemente Menéres
Jerusalem do Rome
5370 Mirandela

*Das Azeite Romeu, natürlich
»virgem extra especial«, kommt
aus einem der wenigen portugiesischen Familienbetriebe, die
bereits seit über 100 Jahren
Olivenöl erzeugen. Man legt
großen Wert auf biologischen
Anbau und erntet die Oliven
genau zu dem Zeitpunkt, wenn
sich ihr Grün bräunlich färbt,
wenn also das frische, fruchtige
Öl seine anfängliche leichte
Schärfe zu verlieren beginnt.*

Farbe des Olivenöles: Goldgelb mit grünen Reflexen
Duft und Geschmack: Kräftiger Olivenduft,
                             körperreich, vollfruchtiger
                             Geschmack mit pikanter Note

Lage und Höhe
der Olivenhaine: 350 bis 450 m ü.d.M.
Verwendete Olivensorten: Cobrançosa, Madural,
                             Verdeal, Transmontana

Reifezustand bei der Ernte: Grün, dunkelbraun, schwarz
Erntezeit: Erntebeginn Ende November
                             oder Anfang Dezember

Anteil freier Fettsäuren: 0,23%

TERRA QUENTE

Produzent:
Casa Agrícola das Múrias
Maria Isabel P.S.
Lacerda Múrias
5385 Torre d. Chama
(Mirandela)

*Trás-os-Montes im Norden
Portugals grenzt an das spani-
sche Kastilien an. Es gilt als die
Region, aus der Portugals bestes
Olivenöl stammt. Das »Terra
Quente« ist ein herrlich fruchtiges
Olivenöl, das nur einen leichten
Nachgeschmack nach wilden
Kräutern hat. Es wird ganz
ohne chemische Behandlung
gewonnen.*

Farbe des Olivenöles:	Goldgelb
Duft und Geschmack:	Frischer Duft, kräftiger Geschmack nach Oliven, leicht bitterer Nachklang
Lage und Höhe der Olivenhaine:	350 bis 400 m ü.d.M.
Verwendete Olivensorten:	80% Cobrançosa, 12% Madural, 5% Verdeal, 3% andere
Reifezustand bei der Ernte:	Schwarz
Erntezeit:	Dezember bis Februar
Methode der Ölgewinnung:	Nach modernen Verfahren kaltgepreßt
Anteil freier Fettsäuren:	0,4%

OLIVENÖL
IN DER KÜCHE

Wenn Sie unter den Ölen, die ich hier vorstelle, durch häufiges Kosten Ihre Lieblingssorte herausgefunden haben, werden Sie als Feinschmecker bald feststellen, daß auch das beste Olivenöl sich nicht für alle Gerichte gleichermaßen eignet. Darum empfehle ich Ihnen, drei bis vier Öle unterschiedlicher Provenienz – natürlich alle »nativ extra« – in Ihre Küche zu stellen:

1. Ein sanftes, mildes Olivenöl mit zartem Kräuterton zum Anmachen junger Salate, zum Anrühren von Mayonnaise und feinen Saucen und zum Beträufeln gekochter oder gedämpfter Fischgerichte. (Italienische Köche verwenden es auch gern für Fleischgerichte.)

2. Ein kräftiges, fruchtiges Olivenöl mit leichtem Bitterton, das sich vorzüglich eignet für Bruschetta, viele Pasta-Saucen, für gebratene oder im Ofen gebackene Fischgerichte und für die Vinaigrettes herzhafter Salate. Roh an eine bereits gekochte Suppe aus Gemüsen oder Hülsenfrüchten gegeben, erhöht es den Wohlgeschmack ungemein.

3. Ein herzhaftes, kräuterduftendes, leicht süßliches Olivenöl zum Braten und Schmoren südlicher Gemüsearten, für Tomatengerichte und zum Ausbacken von Meeresfrüchten und Gemüsen. Auch zum Grillen sehr gut geeignet.

4. Eine kleine Flasche edles Tropföl, mit dem man nicht nur aus Preisgründen sparsam umgehen sollte. Man kann es bei Tisch vor den Gästen über Carpaccio, einen edlen Fisch oder zartes Frühlingsgemüse träufeln und allenfalls einen Spritzer Zitrone hinzufügen, keinen Essig.

Wichtig ist die Lagerung des Olivenöls in der Küche: Es soll möglichst kühl und dunkel stehen. Wegen seiner Lichtempfindlichkeit füllen es immer mehr Produzenten in dunkle Flaschen ab. Auf die herrlichen, grün bis goldgelb leuchtenden Farben des Öls muß man dann leider verzichten.
Stellen Sie Ihr Olivenöl an den kühlsten Platz in der Küche (6 bis 16 °C Raumtemperatur sind richtig), also nicht neben

den Herd oder die Spülmaschine – aber auch nicht in den Kühlschrank: Dort wird es flockig und muß vor der Verwendung wieder auf Zimmertemperatur gebracht werden.

Olivenölflaschen werden im Gegensatz zu Weinflaschen nicht gelegt, sondern sollen aufrecht stehen. Sind die Flaschen erst einmal geöffnet, müssen sie nach Gebrauch sofort wieder gut verschlossen werden, sonst verliert das Öl seinen besonderen Duft und Geschmack und nimmt auch Fremdgerüche an. Ungefiltertes Olivenöl, Mostöl genannt, sollte, wenn es einmal angebrochen ist, schnell verbraucht werden – durch die darin befindlichen Fruchtreste ist es weniger lange haltbar.

»Native Olivenöle extra« halten sich ungeöffnet vom Abfülldatum an (das auf dem Etikett vermerkt ist) mindestens ein Jahr, bei guter Lagerung weitere sechs Monate und länger. Unter Umständen muß man dann einen leichten Aromaverlust hinnehmen.

TROTE DEL LAGO IN TEGAME
Ragout von der Seeforelle mit Thymianöl
(Für 2–3 Personen)

1 frisch geschlachtete Seeforelle (1 kg),
300 cl Olivenöl extra vergine vom Gardasee,
5 Zweiglein frischer Thymian,
Meersalz,
200 g frische Spinatblätter,
200 g rote Paprikaschote

Die Forelle gleich beim Einkauf ausnehmen und filetieren lassen. Das Olivenöl am Vortag mit den abgestreiften Thymianblättern und einer Prise Salz im Mixer vermischen und über Nacht ziehen lassen. Die Forelle in daumengroße Stücke schneiden. Die Spinatblätter in leicht gesalzenem Wasser kurz aufkochen lassen, dabei die Blätter vorsichtig einlegen, damit sie nicht zu sehr aneinanderkleben. Die entkernte Paprika in feine Streifen schneiden.
Die Forellenstücke in das Sieb eines Dampfkochtopfes legen und wenig Wasser in den unteren Topf geben. Fest zugedeckt in 5 Minuten gar dämpfen. Vier vorgewärmte Teller mit den gut abgetropften Spinatblättern auslegen, die abgetropften Forellenstücke und die in Streifen geschnittene Paprika darauf anrichten und Spinat und Fisch mit dem Thymianöl übergießen.
Weil mir die mit Thymianöl gewürzte Seeforelle im »Ristorante del Sole« in Ranco am Lago Maggiore so gut geschmeckt hat, bat ich um das Rezept. Auch hier war es wieder das edle Olivenöl – diesmal vom Gardasee –, das eine simple frische Seeforelle zu einer kulinarischen Kostbarkeit machte.

CARPACCIO
Carpaccio
(Für 4–6 Personen)

300 g zartes, gut abgehangenes Rinderfilet,
4 EL Olivenöl extra vergine aus Ligurien
oder vom Gardasee,
200 g Parmesan,
3 schöne kleine Steinpilze,
1 Zitrone,
Salz,
frischgemahlener Pfeffer

Das Rinderfilet im Tiefkühlfach ganz kurz anfrieren lassen und anschließend mit einem scharfen Messer – besser mit einer Aufschnittmaschine – in hauchdünne Scheiben schneiden. Die Scheibchen vorsichtig mit einem Fleischklopfer breitschlagen, so daß sie papierdünn sind. Eine Platte damit auslegen. Mit der Hälfte des Olivenöls beträufeln und kurz in den Kühlschrank stellen.
Den Parmesan in kleine Bröckchen zerteilen. Die Pilze sorgfältig putzen und in dünne Scheiben schneiden. Sofort mit etwas Zitronensaft beträufeln. Fleisch- und Pilzscheiben ab wechselnd auf den Tellern anrichten. Mit dem restlichen Olivenöl beträufeln, salzen und mit frischgemahlenem Pfeffer bepudern. Die Käsebröckchen darüberstreuen. Im Sommer legt man die Teller mit Blättern von frischer Rucola aus – in der Trüffelsaison werden Scheiben von weißer Trüffel über den Salat gehobelt.
Cipriani in Venedig, der dieses alte Piemonteser Rezept weltberühmt gemacht hat, beträufelt das Fleisch nicht mit Olivenöl, sondern bereitet eine dünne, delikate Mayonnaise aus Olivenöl zu, die er mit Worcestersauce abschmeckt und in feinen Linien über das Carpaccio spritzt.

PESTO
Basilikumcreme
(Für 4 Personen)

1 Handvoll Pinienkerne,
1 Handvoll frische kleine Basilikumblätter (24 – 32 Stück),
4 Knoblauchzehen,
10 g grobes Meersalz,
30 g Parmesan,
30 g Pecorino,
8 EL ligurisches Olivenöl extra vergine

Um einen echten Pesto zuzubereiten, braucht man unbedingt
einen Mörser, möglichst aus Marmor.
Die Pinienkerne trocken im Backofen hellgelb rösten, abküh-
len lassen und grob hacken. Die gewaschenen, getrockneten
Basilikumblätter abzupfen. Die Knoblauchzehen abziehen
und in Stücke schneiden.
Die Knoblauchzehen und die Pinienkerne mit dem Stößel im
Mörser zerstoßen. Dann die Basilikumblätter hinzufügen
und während des Stampfens immer etwas Salz darüberstreuen, damit das Grün der Blätter erhalten bleibt.
Wenn diese Zutaten vermischt sind, nach und nach den in
Bröckchen zerteilten Käse in den Mörser geben, am besten
immer mit dem Stößel gegen den Rand des Mörsers drücken,
damit er ganz zerkleinert wird. Dann unter Rühren mit einem
Holzlöffel nach und nach das Olivenöl hinzufügen, so daß
eine cremige Masse entsteht. Danach sollte der Pesto etwas
durchziehen.
Man kann für die Zubereitung des Pesto auch eine Küchenmaschine oder einen Mixer verwenden. Dann kommt zuerst
das Öl hinein und dann die übrigen Zutaten. Aber selbst bei
niedrigster Schaltstufe geht dabei etwas von seinem herrlichen Duft und Geschmack verloren.

FOCACCIA
Ligurisches Pizzabrot

400 g Mehl,
1 TL Salz,
20 g Hefe,
knapp $^1/_4$ l lauwarmes Wasser,
12 EL ligurisches Olivenöl extra vergine,
20 Spitzen von frischen Rosmarinzweigen,
Mehl zum Ausrollen

Einen Hefeteig zubereiten und die Hälfte des Olivenöls dar-
untermischen. So lange schlagen, bis sich der Teig vom
Schüsselboden löst, eine Kugel formen und zugedeckt 2
Stunden stehen lassen. Den Backofen auf höchster Stufe vor-
heizen (250–280 °C).
Ein Backblech mit Olivenöl ausstreichen, den Teig in der Größe des Blechs aufrollen und vorsichtig auf das Blech legen. In
regelmäßigen Abständen mit einer Gabel Löcher einstechen
und die Focaccia mit dem restlichen Olivenöl bestreichen.
Die Spitzen der Rosmarinzweige in gleichmäßigem Abstand
in den Teig setzen. Im sehr heißen Backofen in 15 Minuten
goldgelb backen. In viereckige Stücke schneiden und warm
auftragen.
In Ligurien gibt es beim Bäcker und beim Pizzabäcker Focaccia in vielerlei Formen und mit verschiedenen Geschmacks-
zutaten wie Fenchelsamen, Zwiebeln, Salbei. Der angenehme Nachgeschmack stammt von dem ausgezeichneten ligurischen Olivenöl, mit dem die Focaccia gebacken wird.
Schmeckt jederzeit zu einem Glas Wein.

FRITTO DI FIORI DI ZUCCA
Ausgebackene Zucchiniblüten
(Als Vorspeise für 4 Personen)

12 frische Zucchiniblüten,
100 g Mehl,
Salz,
1/4 l trockener Weißwein,
2 EL ligurisches Olivenöl extra vergine,
1 Eiweiß,
50 g Parmesan,
12 Sardellenfilets,
ligurisches Olivenöl extra vergine zum Ausbacken

Aus den Zucchiniblüten die Staubgefäße entfernen, die Blüten kurz unter fließendem Wasser waschen und auf Küchenpapier gut abtropfen lassen. Das Mehl mit Salz in eine Schüssel geben und den Wein sowie das Olivenöl unter Rühren hinzufügen. Das Eiweiß zu sehr steifem Eischnee schlagen und unter den Teig ziehen.
Reichlich Olivenöl in einem Topf erhitzen. Den Käse in kleine Stückchen zerbröckeln und in den Kelch jeder Zucchiniblüte ein Stückchen Käse und ein Sardellenfilet geben. Die Blüten nacheinander in den Teig tauchen und in das heiße Öl geben. Schwimmend von allen Seiten goldbraun backen, mit einem Schaumlöffel herausnehmen und auf Küchenpapier abtropfen lassen. Auf eine vorgewärmte Platte geben und sofort heiß auftragen.
Das sanfte, duftende ligurische Olivenöl gibt beim Ausbakken der Teighülle der Zucchiniblüten eine knusprige Leichtigkeit, die aus dem einfachen Fettgebäck eine noble Vorspeise macht.

BAGNA CAUDA
Piemontesisches Gemüsefondue
(Für 6 Personen)

<u>Ölsauce:</u>
4 Knoblauchzehen,
$^1/_8$ l Milch,
$^1/_4$ l kräftiges Olivenöl extra vergine aus der Toskana
oder aus Umbrien,
50 g Butter,
100 g gewässerte Sardellen,
1 Gläschen (5 cl) Rotwein

<u>Gemüse:</u>
Stangen von Bleichsellerie,
1 Fenchelknolle,
1 rote und 1 gelbe Paprikaschote,
4 Möhren,
$^1/_2$ Blumenkohl,
2 Artischocken oder Karden,
12 kleine Zwiebelchen

Die Knoblauchzehen schälen, in feine Scheibchen schneiden
und 2 Stunden in der Milch ziehen lassen. Das Olivenöl und
die Butter mit den in große Stückchen geschnittenen Sardellen in einem kleinen Topf bei leichter Hitze schmoren lassen,
bis die Sardellen zu zerfallen beginnen. Die Knoblauchschei-
ben gut abtropfen lassen und in die Ölsauce geben. Langsam
bei leichter Hitze etwa 30 Minuten köcheln lassen, der Knoblauch sollte weich werden, aber nicht bräunen. Etwas Rotwein an die »bagna cauda« geben, wenn sie zu heiß werden
sollte.
Das Gemüse putzen, waschen und in fingerlange Stücke und
Streifen schneiden. Die Artischocken in Viertel teilen, den
Blumenkohl in Röschen. Die geschälten Zwiebeln im vorgeheizten Backofen bei mittlerer Hitze (200°C) leicht vorbak-
ken. Das Gemüse auf einer großen Platte dekorativ anrichten.
Die heiße »bagna cauda« in 6 feuerfeste Portionsschälchen
oder in einen Fonduetopf füllen, auf einen Rechaud stellen.

Jeder Gast sucht sich Gemüsestückchen nach seinem Geschmack heraus, spießt sie auf eine Gabel und taucht sie für kurze Zeit in das sehr heiße Öl. Das Gemüse bekommt dadurch einen delikaten Geschmack.

Dieses Rezept stammt von der ehrenwerten CONFRATERNITÀ DE LA BAGNA CAUDA E DEL CARDO aus Nizza de la Paglia in Monferrato.

Auch wenn im Piemont kaum Olivenbäume wachsen, die »bagna cauda«, das Gemüsefondue, ist ein sehr altes Piemonteser Rezept. Knusprig frisches rohes Gemüse in Töpfchen mit siedendem Olivenöl getaucht – das könnte auch ein ganz modernes Rezept sein, und es ist tatsächlich wieder sehr in Mode.

FAGIOLI COTTI AL FIASCO
Weiße Bohnen in der Chiantiflasche
(Für 4–6 Personen)

600 g frische oder 300 g getrocknete weiße Bohnen,
6 EL toskanisches Olivenöl extra vergine,
einige Salbeiblätter,
2 Knoblauchzehen,
Salz,
frischgemahlener schwarzer Pfeffer,
1 große Chiantiflasche

Getrocknete Bohnen über Nacht einweichen. Von einer 2-l-Chiantiflasche das umhüllende Stroh entfernen, die Flasche von innen sorgfältig waschen und die eingeweichten oder frischen Bohnen hineinfüllen. Olivenöl, Salbeiblätter und abgezogene Knoblauchzehen hinzufügen. Soviel Wasser aufgießen, daß die Flasche zu nicht mehr als $^2/_3$ gefüllt ist. Mit einem Strohpfropfen oder einem Verschluß mit einem Loch in der Mitte verschließen und in den Backofen geben. Die Bohnen bei schwacher Hitze (190 °C) in etwa $3^1/_2$ Stunden gar werden lassen, die Flüssigkeit sollte zum Schluß ganz von den Bohnen aufgesogen sein. In eine Schüssel geben, dann erst salzen und mit frisch gemahlenem Pfeffer bestreuen. Warm oder kalt servieren.
Nach dem Originalrezept werden die »fagioli cotti al fiasco« in der Glut eines heruntergebrannten Kaminfeuers oder eines Gartengrills gegart. Aber im Backofen geht es auch. Unvergleichlich ist der Duft und Geschmack der weißen Bohnen beim Öffnen der Flasche. Sie sind von dem Aroma des kräftigen Olivenöls und einem herben Hauch Salbei ganz durchzogen.

POLLO ALLA ROMANA
Huhn auf römische Art
(Für 4 Personen)

1 junges, fleischiges Huhn,
1 Stückchen rote Pfefferschote,
6 EL Olivenöl extra vergine aus Latium oder den Abruzzen,
1 Knoblauchzehe,
Salz,
2 Zweige frischer Rosmarin,
400 g Tomaten,
1 Glas (1 cl) Weißwein

Das Huhn waschen und mit Küchenpapier trocken tupfen.
Mit einer Geflügelschere in 10 bis 12 Teile zerschneiden, dabei das Rückgrat heraustrennen. Die Pfefferschote in feine
Streifen schneiden.
Das Olivenöl in einer tiefen Pfanne erhitzen und die Knoblauchzehe darin anrösten. Die Hühnerstücke hinzufügen und
von allen Seiten knusprig braun braten. Salzen, die Rosmarinzweige und die Pfefferschotenstreifen hinzufügen. Bei starker
Hitze unter gelegentlichem Wenden 10 Minuten weiterbraten.
Die Tomaten mit kochendem Wasser überbrühen, abziehen
und in kleine Stückchen schneiden, dabei das harte gelbe
Mark entfernen. Die Tomatenstückchen zu dem Geflügel geben und in weiteren 15 Minuten gar schmoren lassen, bis
sich das Hühnerfleisch leicht von den Knochen lösen läßt.
Wenn die Tomaten anzusetzen beginnen, mit etwas Wein
aufgießen.
Zu diesem bei den Römern so beliebten Hühnergericht paßt
als Beilage am besten frisches Weißbrot, das man in die ros-
marinduftende Ölsauce tunkt. Es schmeckt warm und kalt
gleich gut, deshalb nehmen es die Römer auch gern zum
Picknick mit. Wenn man einen größeren Freundeskreis dazu
einladen möchte, braucht man das Rezept nur zu verdoppeln
oder zu verdreifachen.

SPAGHETTI ABRUZZESE
Spaghetti mit Knoblauch,
Olivenöl und scharfer Pfefferschote
(Für 4 Personen)

400 g Spaghetti,
4 l Wasser,
40 g Salz,
6 EL Olivenöl extra vergine aus den Abruzzen,
4 Knoblauchzehen,
ein Stückchen rote Pfefferschote (Peperoncino),
1 EL gehackte Petersilie

Die Spaghetti in 4 Litern gesalzenem Wasser nach Vorschrift auf der Packung »al dente« kochen. Inzwischen für die Sauce das Olivenöl in einer hochwandigen Pfanne oder Kasserolle erhitzen. Die in hauchdünne Scheiben geschnittenen Knoblauchzehen und die in feine Stückchen geschnittene Pfefferschote (die Menge der verwendeten Pfefferschote richtet sich nach dem persönlichen Geschmack) darin anbraten, bis der Knoblauch beginnt, Farbe anzunehmen. Vorsicht mit der Hitze, Knoblauch und Pfefferschoten dürfen nicht dunkel werden. Mit 3 Eßlöffeln Nudelkochwasser aufgießen und weitere 5 Minuten schmoren lassen. Die gekochten Spaghetti auf einen Durchschlag schütten und gut abtropfen lassen. Sofort in die Pfanne mit dem kochendheißen Öl geben. Bei leichter Hitze unter Wenden der Spaghetti mit zwei Holzgabeln 2 bis 3 Minuten durchziehen lassen. Zum Schluß die Petersilie untermischen. Zu diesem Gericht gehört kein Käse.
In den Abruzzen werden die roten kleinen Pfefferschoten wegen ihrer Schärfe »diavoletti« genannt, und ein echter Abruzzese schneidet für dieses beliebte Pastagericht mindestens eine ganze davon in das Olivenöl – Anfänger sollten sich mit der Hälfte begnügen.

ORECCHIETTE CON BROCCOLI
Apulische Nudeln mit Brokkoli
(Für 4 Personen)

400 g Orecchiette,
40 g Salz,
800 g ganz frischer, leuchtend grüner Brokkoli,
8 EL apulisches Olivenöl extra vergine,
3 Knoblauchzehen,
6 gewässerte Sardellenfilets,
1 kleine rote Pfefferschote

Den Brokkoli waschen und in einzelne Röschen zerlegen. Die Orecchiette nach Vorschrift auf der Packung in reichlich Salzwasser »al dente« kochen. 5 Minuten vor Ende der Kochzeit die Brokkoliröschen zu der Pasta geben und ebenfalls »al dente« mitkochen.

Das Olivenöl in einer hochwandigen Pfanne oder Kasserolle erhitzen. Die Knoblauchzehen und die in feine Streifchen geschnittene Pfefferschote leicht darin anbraten, sie dürfen nicht bräunen. Die Knoblauchzehe herausnehmen und die kleingeschnittenen Sardellen in das Öl geben. Mit einer Gabel zerdrücken, bis sie sich aufgelöst haben.

Orecchiette und Brokkoli auf einen Durchschlag schütten und abtropfen lassen. Zu dem Olivenöl in die Pfanne geben und 1 bis 2 Minuten bei leichter Hitze alles behutsam miteinander vermischen.

Dieses Lieblingsgericht der Apulier sollte mit fabrikmäßig hergestellten Orecchiette aus Hartweizengrieß zubereitet werden. Sie sind in Feinkostgeschäften und Warenhäusern erhältlich. Falls Sie diese öhrchenförmigen Nudeln nicht bekommen, tun es auch kurze Trenette oder Rigatoni.

210

INSALATA DI ARANCE, OLIVE E FINOCCHI
Sizilianischer Orangensalat mit Oliven und Fenchelgrün
(Für 4 Personen)

4 reife Orangen,
10 Zweiglein junges, frisches Fenchelgrün,
50 g kleine schwarze Oliven,
4 EL sizilianisches Olivenöl extra vergine,
frischgemahlener schwarzer Pfeffer

Die Orangen kreisförmig so schälen, daß die innere weiße Haut mit entfernt wird. Dann quer zur Blüte in Scheiben schneiden. Das Fenchelgrün so vom Stiel zupfen, daß kleine, blättchenförmige Stückchen entstehen. Orangenscheiben, Fenchelgrün und Oliven miteinander vermischen und auf 4 Portionstellern anrichten. Mit dem Olivenöl übergießen und mit dem Pfeffer bestreuen.

Man kann auch eine Orange weniger nehmen und dafür eine milde süßliche Zwiebel, in Scheiben geschnitten, unter den Salat mischen.

Der Salat schmeckt ebenso als erfrischende Vorspeise wie als Beilage zu Grillgerichten. Orangensaft und edles Olivenöl bilden einen delikaten Zusammenklang.

SPAGHETTI ALLA BOTTARGA
Spaghetti mit getrocknetem Thunfischrogen
(Als Vorspeise für 4 Personen)

240 g Spaghetti,
100 g Bottarga,
2 Knoblauchzehen,
1 kleines Stück scharfe Pfefferschote,
8 EL sardisches Olivenöl extra vergine,
1 Bund Schnittlauch

Die Spaghetti nach Vorschrift auf der Packung in reichlich Salzwasser »al dente« kochen. Inzwischen das Olivenöl in einer hochwandigen Pfanne erhitzen und Knoblauch und Pfefferschote bei leichter Hitze darin anbraten – der Knoblauch sollte goldgelb, aber nicht braun werden.
Die Wachsschicht und die Haut der Bottarga ablösen, die feste Masse mit einem scharfen Messer in feine Scheiben schneiden, dann fein hacken. Die Spaghetti auf ein Sieb schütten und gut abtropfen lassen. Zu dem Olivenöl in die Pfanne geben und bei leichter Hitze alles 2 Minuten lang miteinander vermischen. Von der Kochstelle nehmen und die feingehackte Bottarga unter die heißen Spaghetti geben. In eine vorgewärmte Schüssel schütten, mit einigen zusätzlichen Bottargascheiben und dem feingeschnittenen Schnittlauch garnieren.
Früher nahmen sich die Fischer den getrockneten Rogen von Thunfisch oder Meeräsche als Beilage zum Brot mit, wenn es aufs Meer hinausging. Heute gilt die Bottarga als große Delikatese, die man entweder in feine Scheiben geschnitten und mit Olivenöl beträufelt als Vorspeise genießt, oder wie hier für ein elegantes Pastagericht unter die Spaghetti mischt. Sardinien-Reisende kennen diese Spezialität bestimmt.

PAELLA
Spanische Reispfanne
(Für 10 Personen)

1 junges Hühnchen,
250 g Schweinefleisch,
400 g Miesmuscheln,
400 g Tintenfische,
400 g Garnelen,
10 kleine Langustinen,
12 EL Olivenöl virgen extra aus Valencia,
1 Zwiebel,
3 Knoblauchzehen,
1 rote und 1 grüne Paprikaschote,
600 g Rundkornreis,
150 g ausgelöste junge Erbsen,
1 Tomate,
0,5 g Safran,
Meersalz

Fischbrühe:
2 Fischköpfe und Gräten, einige kleine Taschenkrebse,
1 Bund Suppengrün,
1 Zwiebel,
1 kleine rote Pfefferschote,
Meersalz

Das Huhn in zehn Teile hacken, das Schweinefleisch in Würfel schneiden. Die vorbereiteten Zutaten für die Fischbrühe mit $1^{1}/_{2}$ Liter Wasser bedeckt 20 Minuten kochen lassen. Die Muscheln verlesen (geöffnete fortwerfen) und unter fließendem Wasser gründlich schrubben, die Bärte entfernen. Die Tintenfische ebenfalls gründlich waschen, das Innere entfernen und mit einem spitzen Messer die Tintensäckchen und die Augen herausholen. Die Fangarme in Stückchen, die Körper in Streifen schneiden.
Die Hälfte des Olivenöls in einer hochwandigen Pfanne erhitzen und nacheinander die Garnelen und die Langustinen darin anbraten und wieder herausnehmen. Die Zwiebel schnei-

den und mit dem geschälten Knoblauch in dem Öl glasig braten. Hühnerstücke, Schweinefleischwürfel und die entkernten, in Streifen geschnittenen Paprikaschoten hinzufügen. 20 Minuten dünsten.

Inzwischen eine große Paellapfanne auf den Herd, besser noch auf einen Holzkohlengrill im Freien stellen und das restliche Öl hineingeben. Den Reis hineinschütten und unter Rühren anbraten. Die vorbereiteten Tintenfische hinzufügen, kurz mit durchschmoren, anschließend das Fleisch und die Paprikastreifen aus der Pfanne an die Paella geben. Nach und nach mit der durch ein Sieb passierten kochenden Fischbrühe aufgießen. Die Erbsen und die abgezogene, in Stückchen geschnittene Tomate sowie die im Mörser zerstoßenen Safranfäden hinzugeben. Salzen. 20 Minuten bei leichter Hitze köcheln lassen, dabei hin und wieder schütteln. Inzwischen die Muscheln in einer Pfanne erhitzen und die Oberschale der geöffneten Muscheln ablösen (geschlossene wegwerfen).

Die Garnelen und die Langustinen in der Schale sowie die Muschelhälften an die Paella geben. Erhitzen und feststellen, ob der Reis »al dente« ist. Er muß die Fischbrühe völlig aufgesogen haben, aber feucht bleiben. Von der Kochstelle nehmen und das fertige Gericht genau 5 Minuten ruhen lassen, bevor es aufgetragen wird. Die dekorativen Langustinen herausnehmen und sternförmig auf der Paella anrichten.

ESCALIVADA CATALANA
Gegrillte Gemüse katalanische Art
(Als Vorspeise für 4 Personen)

2 Auberginen,
je eine rote, grüne und gelbe Paprikaschote,
1 große Zwiebel,
6 EL Olivenöl virgen extra aus Valencia,
je 1 TL gehackter Knoblauch und gehackte Petersilie,
Sherryessig,
frischgemahlener weißer Pfeffer,
Salz

Paprikaschoten und Auberginen unter dem Grill des Back-ofens backen, bis die Haut platzt und sich abziehen läßt. Die Zwiebel in Alufolie wickeln und ebenfalls 25 Minuten im Grill oder Ofen backen. Die Haut der gegrillten Gemüse ab-ziehen, die Kerne aus den Paprikaschoten entfernen. Aubergi-nen, Paprika und Zwiebel in Streifen schneiden.
Das Gemüse sternförmig auf einer Platte anrichten. Mit dem Olivenöl und einigen Tropfen Essig beträufeln, mit Salz und Pfeffer würzen und zum Schluß mit der Petersilie und dem Knoblauch bestreuen. Kalt werden lassen und servieren. Fri-sches Weißbrot dazu reichen.

TORTILLA ESPAÑOL
Spanische Tortilla
(Für 2 – 3 Personen)

6 große Kartoffeln,
1 große Zwiebel,
7 EL katalanisches Olivenöl virgen extra,
Salz,
frischgemahlener Pfeffer,
8 Eier

Die Zwiebel in Würfel, die Kartoffeln in etwa 3 cm große Scheiben schneiden. 5 Eßlöffel Olivenöl in einer Pfanne erhitzen und die Zwiebelwürfel darin unter ständigem Wenden bei nicht zu starker Hitze glasig braten. Die Kartoffelstückchen hinzufügen und unter gelegentlichem Wenden in 15 Minuten gar braten – sie sollten aber nicht zu weich sein. Salzen und leicht mit Pfeffer bestreuen.

Inzwischen die Eier und etwas Salz in einer Schüssel mit dem Schneebesen verquirlen, bis sich ein leichter Schaum bildet und Eigelb und Eiweiß völlig miteinander vermischt sind. Die Eier über die Kartoffeln in der Pfanne gießen und ständig umrühren, bis die Eimasse zu stocken beginnt. Dann unter gelegentlichem Schütteln der Pfanne bei leichter Hitze zugedeckt die Unterseite goldgelb backen. (Es darf keine flüssige Eimasse mehr vorhanden sein, wenn die Tortilla gewendet wird.)

Die Tortilla auf einen Teller gleiten lassen und wenden. Das restliche Öl unter die gewendete Tortilla geben und die zweite Seite ebenfalls bei leichter Hitze – nicht zugedeckt – langsam goldgelb backen. Warm oder kalt servieren.

GAZPACHO ANDALUZ
Andalusische Tomatenkaltschale
(Für 4 Personen)

500 g Tomaten,
1 Salatgurke,
1 grüne Paprikaschote,
2 – 4 Knoblauchzehen (nach Geschmack),
1 große Zwiebel,
3 Scheiben Weißbrot,
1 EL Essig,
$^{1}/_{4}$ l Wasser,
4 EL andalusisches Olivenöl virgen extra,
Salz

2 schöne, feste Tomaten beiseite legen. Den Rest der Tomaten brühen, abziehen und in Stückchen schneiden, dabei das
harte gelbe Mark entfernen. Die Hälfte der Gurke schälen
und in Stücke schneiden, die Hälfte der Paprikaschote ebenfalls in Stückchen schneiden, die Knoblauchzehen schälen,
die Hälfte der Zwiebel grob hacken. 2 Brotscheiben in dem
Essig und etwas Wasser einweichen. Tomaten-, Gurken- und
Paprikastückchen, Knoblauchzehen und gehackte Zwiebel
mit dem Olivenöl in den Mixer geben und pürieren. Dann
das eingeweichte Weißbrot hinzufügen und allmählich das
Wasser dazugießen – der Gazpacho soll die Konsistenz einer
sehr dünnen Mayonnaise haben. Mit Salz abschmecken und
mindestens 1 bis 2 Stunden in den Kühlschrank stellen.
Gazpacho muß eiskalt serviert werden.
Die restlichen Tomaten, die halbe Gurke, Paprika und Zwiebel sowie das Weißbrot in Würfel schneiden (die Weißbrot-
würfel können in etwas Öl goldgelb geröstet werden) und
auf einer Platte anrichten. Den Gazpacho in Keramikschäl-
chen füllen. Jeder Gast kann die erfrischende Kaltschale mit
den Brot- und Gemüsewürfeln bestreuen.

DORADE NACH ROGER VERGÉ
Goldbrasse mit Zitronen und Orangen
(Für 2 Personen)

1 Dorade (800 g bis 1 kg),
5 frische Lorbeerblätter,
Meersalz,
frischgemahlener Pfeffer,
6 EL feinstes provenzalisches Olivenöl vierge extra,
3 unbehandelte Orangen ohne Kerne,
2 unbehandelte Zitronen

Die Dorade gleich beim Einkauf bratfertig herrichten lassen
(sie hat sehr scharfe Gräten) oder den gewaschenen Fisch
schuppen, mit einer Küchenschere die Flossen abschneiden
und vorsichtig ausnehmen. 3 Lorbeerblätter in jeweils 8 kleine Dreiecke schneiden. Die Dorade innen und außen mit
Salz und Pfeffer würzen. Mit einer Messerspitze auf beiden
Seiten je 12 flache senkrechte Schnitte durch die Haut machen, ohne dabei das Fleisch der Dorade zu verletzen. In jeden Schnitt wird ein Stückchen Lorbeerblatt geschoben. Den
Fisch leicht mit den Handballen massieren, damit die Gewürze in das Fleisch eindringen. 2 Lorbeerblätter in das Innere der
Dorade legen. Mit 2 Eßlöffeln Olivenöl von beiden Seiten
begießen.
Eine emaillierte Bratenpfanne für den Backofen bis zur Hälfte
mit heißem Wasser füllen. Den Fisch darüber auf den mit Öl
bepinselten Bratenrost legen und im vorgeheizten Backofen
bei starker Hitze (250 °C) 15 Minuten dämpfen lassen. Den
Fisch vorsichtig wenden und von der anderen Seite in weiteren 10 Minuten gar dämpfen.
Inzwischen die Orangen und Zitronen mit einem kleinen,
scharfen Küchenmesser dick schälen, so daß die reine Frucht
übrigbleibt, etwa noch anhaftende weiße Haut entfernen.
Das Fruchtfleisch über einem Teller der Länge nach in Spalten
herausschneiden, die Häutchen der Früchte sollen zurück-
bleiben, so daß die Fruchtstücke hautlos sind.
Bevor der Fisch serviert wird, die Orangen- und Zitronenspal-
ten in einer kleinen Kasserolle mit dem aufgefangenen Saft

der Früchte und dem restlichen Olivenöl, Salz und Pfeffer leicht erhitzen. (Vorsicht! Nicht zu stark erhitzen, sonst lösen sich die Früchte auf.) Die Dorade auf einer vorgewärmten Platte anrichten. Die Früchte in einer Sauciere getrennt dazu servieren.

Roger Vergé serviert in seinem Restaurant »Moulin de Mougins« eine Küche, die die Sonne des Midi eingefangen zu haben scheint, Hier sind es Orangen, Zitronen und goldfarbenes Olivenöl, die dem Fisch das südliche Flair geben.

CHÈVRE À L' HUILE
Ziegenkäse in Olivenöl

1 großer (500 g) oder 4 kleine runde frische Ziegenkäse,
je 3 – 4 Zweiglein Thymian, Rosmarin und Pfefferkraut,
8 – 10 schwarze Pfefferkörner,
$1/4$ l provenzalisches Olivenöl vierge extra

Den Käse in nicht zu kleine Würfel schneiden und mit den Kräutern vermischen (die kleinen Käse unzerteilt lassen). In ein Glasgefäß mit Deckel geben und ganz mit Olivenöl bedecken. Verschließen und vor Gebrauch einige Wochen stehen lassen. Anstelle der schwarzen Pfefferkörner kann man auch rote und grüne Pfefferkörner gemischt zum Würzen verwenden.

Die Auswahl an provenzalischem Ziegen- und Schafkäse ist auch bei uns groß – der Käse muß zum Einlegen in das Olivenöl möglichst frisch sein.

AÏOLI
Mayonnaise mit Knoblauch
(Für 6 – 8 Personen)

4 Knoblauchzehen,
1 Eigelb,
Salz,
$^1/_2$ l provenzalisches Olivenöl vierge extra,
$^1/_2$ EL Zitronensaft,
1 EL warmes Wasser

Die abgezogenen Knoblauchzehen in einem großen Stein-mörser fein zerstampfen. Das Eigelb und $^1/_4$ Teelöffel Salz hinzufügen und vermischen. Ganz langsam unter ständigem Rühren mit einem Holzlöffel oder mit einem Schneebesen 4 bis 5 Eßlöffel von dem Olivenöl hinzufügen.
Den Zitronensaft mit dem Wasser und dem restlichen Öl ver-mischen und ganz langsam unter gleichmäßigem Weiterrüh-ren an den Aïoli geben. Sollte der Aïoli gerinnen, kann man ihn mit 1 Eßlöffel kochendem Wasser retten. Sonst muß man noch einmal mit einer zerstoßenen Knoblauchzehe und ei-nem Eigelb beginnen und die geronnene Sauce nach und nach hinzufügen.
Natürlich kann man den Aïoli auch im Mixer zubereiten – dann muß man das Gerät auf die langsamste Stufe einstellen. Der Geschmacksunterschied ist allerdings erheblich.

RATATOUILLE NIÇOISE
Provenzalischer Gemüsetopf
(Für 8 Personen)

3 große spanische Gemüsezwiebeln (ca. 750 g),
3 Knoblauchzehen
(der rote Knoblauch ist besser als der weiße),
^{1}/$_2$ l provenzalisches Olivenöl vierge extra,
1 kg sehr reife Fleischtomaten,
^{1}/$_4$ l Weißwein,
^{1}/$_4$ l Tomatensaft,
1 Gewürzsträußchen (Lorbeerblätter, Rosmarin,
Thymianzweig, 3 Stengel Petersilie),
Salz und Pfeffer,
4 große rote oder gelbe Paprikaschoten,
1^1/$_2$ kg violette Auberginen (runde mit praller Haut),
1^1/$_2$ kg junge kleine Courgettes (Zucchini)
(in der Provence werden die winzigen Courgettes
verwendet, an denen noch die Blüten sind)

Die Zwiebeln in Scheiben schneiden, die Knoblauchzehen
schälen. Die Zwiebeln in 8 Eßlöffeln Olivenöl glasig braten.
Die Tomaten brühen, abziehen und in Stücke schneiden, dabei das feste gelbe Mark und die Kerne zurücklassen. Mit den
Knoblauchzehen zu den Zwiebeln in das Öl geben. Mit der
Hälfte des Weines und dem Tomatensaft aufgießen. Gewürzsträußchen, Salz und Pfeffer hinzugeben. Bei leichter Hitze
schmoren lassen.
Die Paprikaschoten im heißen Backofen rösten, bis die Haut
zu springen beginnt, und abziehen.
Die Auberginen und die Courgettes waschen, schälen und in
Streifen schneiden. In einem Topf 8 Eßlöffel Olivenöl erhitzen und das Gemüse bei starker Hitze unter gelegentlichem
Rührem schmoren, bis es gelb zu werden beginnt. (Im Originalrezept werden Auberginen und Courgettes getrennt geschmort.) Die abgezogenen Paprikaschoten entkernen und in
Streifen schneiden. In einem weiteren Topf in dem restlichen
Olivenöl so lange andünsten, bis sie beginnen, Farbe anzu-
nehmen.

Das gesamte Gemüse zu dem Tomatenpüree geben, den restlichen Wein hinzufügen und den Topf zugedeckt in den vorgeheizten Backofen geben. Bei leichter Mittelhitze (190 °C) weitere zwei Stunden schmoren lassen. Nur kurz auf ein Sieb geben und etwas abtropfen lassen – das Gemüse soll noch reichlich mit Olivenöl durchzogen sein.

Mit frischer Baguette und einem Glas jungen Weins eine delikate Sommermahlzeit – aber auch eine klassische Beilage zu Lamm und Hammel.

Diese original-provenzalische Ratatouille ist sehr zeitaufwendig in der Zubereitung, aber unvergleichlich wohlschmeckend durch den Zusammenklang der verschiedenen mediterranen Gemüse, die einzeln in dem duftenden provenzalischen Olivenöl geschmort werden. Schneller geht es, wenn man alle Gemüsesorten nacheinander im gleichen Topf schmort und die Garzeit verkürzt – nur ist es dann keine echte Ratatouille mehr.

MESCLUN
Provenzalischer Blattsalat
(Für 4 Personen)

1 Staude Löwenzahn,
1 Köpfchen roter Radicchio,
100 g Feldsalat, ersatzweise auch kleine, ganz frische
Spinatblätter, einige Blätter krausblättrige Endivie (Eskarol),
ein paar Kerbelstengel und einige Blätter Brunnenkresse,
1 Staude junge Roquette (Rauke),
1 Knoblauchzehe,
6 EL provenzalisches Olivenöl vierge extra,
Salz,
frischgemahlener Pfeffer,
1 EL guter Weinessig

Das untere Ende der Löwenzahnstaude abschneiden und
welke Außenblätter entfernen. Den Strunk des Radicchiosa-
lats so abschneiden, daß die Blätter auseinanderfallen. Alle
Salatzutaten gründlich waschen und in einer Salatschleuder
oder einem Tuch gut trockenschwenken. Löwenzahn-, Endi-
vien- und Roquette-Blätter zwei- bis dreimal quer durch-
schneiden. Eine Salatschüssel mit einer halbierten Knoblauchzehe ausreiben, den Salat hineingeben. Olivenöl, Salz,
frischgemahlenen Pfeffer und Essig mit einer Gabel gründlich
miteinander vermischen. Erst unmittelbar vor dem Auftragen
über die Salatblätter gießen.
Je mehr wildwachsende Kräuter und Salatblättchen an den
Mesclun gegeben werden, desto intensiver schmeckt man
Sonne und Duft des Midi.

DOLMADHAKIA JALANTZI
Gefüllte Weinblätter griechische Art
(Für 4 Personen)

50 g Weinblätter (frisch oder aus der Dose),
150 g Reis,
Salz,
4 Zwiebeln,
10 EL griechisches Olivenöl extra virgin,
1 l Wasser,
3 EL gehackte Kräuter (Minze, Petersilie, Dill),
2 EL Korinthen,
Saft von 1 Zitrone,
1 Zitrone als Garnitur

Die gewaschenen Weinblätter kurz überbrühen. Den Reis waschen, die geschälten Zwiebeln in kleine Würfel schneiden. 8 Eßlöffel Olivenöl in einer Pfanne erhitzen und die Zwiebelwürfel darin glasig braten. Den Reis hinzufügen, mit $^1/_2$ Liter Wasser aufgießen und zugedeckt 20 Minuten kochen lassen. Dann die Kräuter und die Korinthen hinzufügen und mit Salz abschmecken.

Die glatte Unterseite der Weinblätter nach außen legen, bei kleinen Weinblättern jeweils zwei zusammenlegen. In die Mitte der Blätter je einen gehäuften Teelöffel Reisfüllung setzen. Die Blätter wie ein Kuvert zusammenlegen und aufrollen eventuell mit einem Baumwollfaden umbinden.

Einen Kochtopf mit 3 großen Weinblättern auslegen, die Blätterpäckchen eng nebeneinander und übereinander hineinlegen und mit einer Mischung aus $^1/_2$ Liter Wasser, dem restlichen Olivenöl, Salz und Zitronensaft übergießen. Mit einem Teller bedecken und den Topf mit einem Deckel verschließen. 45 Minuten leicht köcheln lassen. Am Ende soll die ganze Flüssigkeit aufgesogen sein. Über Nacht in den Kühlschrank stellen. Mit in dünne Scheiben geschnittenen Zitronenhälften garnieren.

CHORIATIKI SALATA
Bauernsalat
(Für 4 Personen)

1 Handvoll knackiger Blattsalat,
2 rote oder grüne Paprikaschoten,
100 g schwarze Oliven,
3 Tomaten,
2 Zwiebeln,
1 Salatgurke,
50 g Feta (Schafskäse),
4 EL griechisches Olivenöl extra virgin,
1 EL Essig,
Salz,
frisch gemahlener Pfeffer,
Origano

Den gewaschenen Salat in mundgerechte Stückchen zerrei-
ßen, die Paprika entkernen und in Streifen oder Stückchen
schneiden. Die Tomaten in Würfel schneiden und den Käse
in kleine Stücke zerkleinern. Die Zwiebeln in Scheiben, die
Gurke der Länge nach in Streifen und dann in Stücke schneiden. Alle Salatzutaten miteinander vermischen. Essig, Salz
und Pfeffer mit dem Olivenöl zu einer Vinaigrette verrühren
und vor dem Auftragen über den Salat gießen.

TARAMO SALATA
Fischrogenpaste
(Für 4 – 6 Personen)

250 g frischer Karpfen-, Hecht- oder Heringsrogen,
1 EL Salz,
2 Tassen griechisches Olivenöl extra virgin,
Saft von 1 – 2 Zitronen,
2 gehackte Zwiebeln,
einige schwarze Oliven

Den Rogen waschen und alle anhaftenden Häutchen entfernen. In eine Schüssel geben, mit Salz bestreuen und über Nacht im Kühlschrank stehen lassen. Am nächsten Tag den Rogen waschen und mit einer Gabel zerdrücken. Wie bei der Zubereitung einer Mayonnaise das Olivenöl langsam unter Rühren hinzufügen und dann den Zitronensaft.
Die Masse sollte glatt sein mit unzerstörten Rogenkörnern dazwischen. Mit gehackten Zwiebeln und kleingeschnittenen Oliven sowie Pitta (griechisches Fladenbrot) oder Weißbrot servieren.

MELITZANO SALATA
Griechische Auberginenpaste
(Für 4 Personen)

2 große Auberginen,
1 feingewiegte Zwiebel,
6 EL griechisches Olivenöl extra virgin,
Salz,
frisch gemahlener Pfeffer

Die Augerginen über einer offenen Flamme, im Grill oder im heißen Backofen so lange erhitzen, bis die äußere Haut schwarz ist. Mit einem rostfreien Messer die Haut entfernen. Das Auberginenmark in einer Küchenmaschine pürieren und in eine Schüssel geben. Zwiebel und Olivenöl hinzufügen und zu einer glatten Paste verrühren. Mit Salz und Pfeffer abschmecken. 1 bis 2 Stunden kalt stellen.

ATUM À PORTUGUESA
Thunfisch auf portugiesische Art
(Für 4 Personen)

8 Scheiben Thunfischkoteletts,
6 gelbe oder rote Paprikaschoten,
2 Knoblauchzehen,
10 EL portugiesisches Olivenöl extra virgem,
2 große weiße Zwiebeln,
1 Glas Weißwein (vinho verde),
Salz,
frischgemahlener Pfeffer

Den Thunfisch waschen und mit einem Küchentuch trocken-tupfen. Die Paprikaschoten auf ein Backblech legen und unter Wenden im sehr heißen Backofen oder unter dem Grill bak-ken, bis die harte Haut dunkel wird und sich abziehen läßt. Inzwischen die Knoblauchzehen in Streifen schneiden und in den Thunfisch drücken. Mit 2 Eßlöffeln Olivenöl über-gießen. Die abgezogenen Zwiebeln in Ringe schneiden. Die geplatzte Haut der Paprikaschoten abziehen, am Stielende einen Deckel abschneiden und die Kerne entfernen. Der Länge nach halbieren und in Streifen schneiden.
5 Eßlöffel Olivenöl in einer Pfanne mit hohem Rand erhitzen und die Zwiebelringe darin glasig braten. Die Paprikaschoten hinzufügen und bei leichter Hitze 10 Minuten mit durch-braten. Mit dem Wein aufgießen und weitere 10 Minuten schmoren lassen. Leicht salzen und pfeffern.
Inzwischen in einer zweiten Pfanne das restliche Öl erhitzen. Die Thunfischkoteletts mit Salz und Pfeffer einreiben und mit den Knoblauchstreifen von beiden Seiten hellbraun braten. Auf das Gemüse setzen und zugedeckt 5 Minuten schmoren lassen, damit der Fisch ganz von dem Saft des Paprikagemü-ses durchzogen wird.
Frisches Landbrot oder Weißbrot dazu servieren.

FRANGO COM GAMBAS
Huhn mit Garnelen
(Für 4 Personen)

1 junges, fleischiges Brathuhn,
Salz,
frischgemahlener Pfeffer,
6 EL portugiesisches Olivenöl extra virgem,
1 Zwiebel,
1 Knoblauchzehe,
1 EL gehackte Petersilie,
3 EL geschälte Mandeln,
3 EL Pinienkerne, 1 Tasse Wasser,
1 geriebener Zwieback,
20 g bittere Schokolade,
1 Glas Portwein,
250 g abgezogene Garnelen

Das Huhn gleich beim Einkauf in 8 Teile zerlegen lassen. Waschen und mit einem Küchentuch trockentupfen. Mit Salz und Pfeffer einreiben.
In einem Schmortopf das Olivenöl erhitzen und die Hühnchenteile darin von allen Seiten knusprig braun braten. Die Zwiebel in Würfel schneiden, die Knoblauchzehe fein wiegen. Mit der Petersilie, den in Streifen geschnittenen Mandeln und den Pinienkernen zu dem Hühnchen geben und alles miteinander 5 Minuten weiterbraten. Mit dem Wasser aufgießen, mit dem Zwieback binden und die Schokolade und den Portwein hinzufügen. Im geschlossenen Topf bei leichter Hitze in 15 Minuten weichdünsten lassen. Wenn nötig, noch mit etwas Portwein aufgießen. Die letzten 5 Minuten die Garnelen mitschmoren lassen.

DANKSAGUNG

Um meine Recherchen für diesen Guide in fünf Sprachen durchzuführen, war ich auf die Hilfe sprachkundiger Mitarbeiter angewiesen. Dafür danken möchte ich vor allem Barbara Evers, die, wie bei allen meinen Büchern, lektoriert hat, Rotraut Hard, die mir bei den Recherchen half, und Lisa Buchner, die die zahllosen Fragebögen und Olivenölflaschen fachkundig ordnete. Mein Dank gilt auch Elisabeth Lange, die den gesundheitlichen Wert des Olivenöls so klar beschrieben hat. Elfriede Faaß-Katzer hat das Manuskript, das durch die vielen mehrsprachigen Angaben sehr anspruchsvoll war, immer mitdenkend hervorragend geschrieben. Sie alle waren nicht nur Mitarbeiter, sondern Freunde.

Vielfachen Rat erhielt ich von Dieter Oberg und seiner Mitarbeiterin Dorothea Brunetto von der Informationsgesellschaft Olivenöl. Gertrud Schmitz von der I.C.E. in Düsseldorf hat mir zu vielen italienischen Kontakten verholfen, und Ursula Thurner im Chianti-Classico-Büro hat mich von Florenz aus mit italienischen Unterlagen versorgt. Von der Sopexa in Düsseldorf bekam ich laufend Pressematerial über französisches Olivenöl, und Madame Follin vom Olivenölsyndikat in Aix-en-Provence stellte die Verbindung zu den französischen Produzenten her. Als Julia de Sagredo noch im Spanischen Generalkonsulat in Düsseldorf tätig war, habe ich meine ersten Kenntnisse über spanisches Olivenöl von ihr erhalten. Mit besten Unterlagen über portugiesisches Olivenöl versah mich Antonio Texeira vom Portugiesischen Handelsbüro in Düsseldorf.

Aber die eindrucksvollsten Informationen verdanke ich den Olivenölproduzenten in den verschiedenen Ländern. Aus den Gesprächen mit ihnen habe ich am meisten gelernt.

Dem Verlag möchte ich für die Geduld danken, mit der er das bis zuletzt noch einlaufende Material fristgerecht in dem Buch untergebracht hat.

München, im Februar 1995   Rotraud Degner

BILDNACHWEIS

Archiv für Kunst und Geschichte, Berlin 11, 13
Bavaria-Verlag, Gauting bei München 2, 19, 20/21, 22, 38, 60, 112, 168
IFA-Bilderteam, München 14, 16, 45, 47, 120, 124, 131, 182, 191
Mauritius, Mittenwald 100, 140
Staatliche Münzsammlung, München 12
StockFood Eising/Zabert Sandmann, München 23, 25, 26, 197, 199
Christian Teubner, Füssen 1, 15
ZEFA, Düsseldorf 17, 128, 152

Alle anderen Fotos: Bodo A. Schieren

Grappa – der Guide
für Kenner und Genießer durch
eine einzigartige Aromawelt

Axel & Bibiana Behrendt
GRAPPA
Der Guide für Kenner und Genießer
240 Seiten · Gebunden
ISBN 3-453-08039-4

Dieser Guide ist in Wort und Bild ein Wegweiser,
in dem über 100 Grappe präsentiert werden.
Im Mittelpunkt steht dabei die vielfältige Aroma-
welt der Grappe, die anhand von Rebsorten,
Herstellungsverfahren und Lagerung charakterisiert
und durch Verkostungsnotizen beschrieben
und bewertet werden.

HEYNE